101 jours

pour apprendre le pendule

Catherine
SOLARIS

101 jours
pour apprendre le pendule

ÉDITIONS DE MORTAGNE

Catalogage avant publication de
Bibliothèque et Archives nationales du Québec et
Bibliothèque et Archives Canada

Solaris, Catherine, 1979-

101 jours pour apprendre le pendule
(101 jours)

ISBN 978-2-89074-967-2

1. Divination par le pendule. 2. Radiesthésie. I. Titre. II. Titre: Cent un jours pour apprendre le pendule.

BF1779.P45S64 2010 133.3'23 C2010-941450-0

Édition
Les Éditions de Mortagne
C.P. 116
Boucherville (Québec) J4B 5E6

Distribution
Tél. : 450 641-2387
Télec. : 450 655-6092
Courriel : info@editionsdemortagne.com

Dépôt légal
Bibliothèque et Archives Canada
Bibliothèque et Archives nationales du Québec
Bibliothèque Nationale de France
4e trimestre 2010

ISBN 978-2-89074-967-2

2 3 4 5 – 10 – 19 18 17 16

Imprimé au Canada

Nous reconnaissons l'aide financière du gouvernement du Canada par l'entremise du Fonds du livre du Canada (FLC) et celle du gouvernement du Québec par l'entremise de la Société de développement des entreprises culturelles (SODEC) pour nos activités d'édition. Gouvernement du Québec – Programme de crédit d'impôt pour l'édition de livres – Gestion SODEC.

Membre de l'Association nationale des éditeurs de livres (ANEL)

ASSOCIATION NATIONALE DES ÉDITEURS DE LIVRES

Conseil des Arts du Canada
Canada Council for the Arts

Table des matières

Introduction 9

Première partie : Immersion

Semaine 1 : Histoire 15
Semaine 2 : Fabrication ou achat 23
Semaine 3 : Généralités 31
Récapitulons 39

Deuxième partie : Révélation

Introduction 43
Semaine 4 : Premiers essais 45
Semaine 5 : Entraînement 53
Semaine 6 : Interroger le pendule 61
Semaine 7 : Les cadrans 69
Récapitulons 77

Troisième partie : Expérimentation

Introduction 83
Semaine 8 : La recherche 85
Semaine 9 : Les introspections 93
Semaine 10 : Les introspections (suite) 101
Semaine 11 : Le pendule et la santé 109
Semaine 12 : Les chakras et leur nettoyage 117
Semaine 13 : Communiquer avec l'au-delà 131
Semaine 14 : Le pendule et les cristaux 139
Semaine 15 : La magie par le pendule 147
Semaine 16 : Notions énergétiques 155
Semaine 17 : Communiquer grâce au pendule 163
Semaine 18 : Le pendule et les quatre éléments 171
Récapitulons 179

Quatrième partie : Évaluation

Introduction 185
Semaine 19 : Régler les problèmes techniques 187

Cinquième partie : Conclusion

Semaine 20 : Bilan 197

Introduction

Il est toujours intéressant, même fascinant, d'ouvrir un livre d'ésotérisme et de prendre le temps de le parcourir pour en découvrir les mystères.

Il est par contre moins passionnant de se rendre compte que ces mystères, trop occultes, ne peuvent être mis en pratique par tous.

Dans cet ouvrage, je tenterai de rendre la quête ésotérique encore plus merveilleuse et palpitante. Ce livre contient les bases de la pratique du pendule.

L'apprentissage proposé s'étend sur les cinq jours de la semaine. Les quatre premiers jours, vous ferez une courte lecture quotidienne, puis la cinquième journée servira à la mise en pratique. La fin de semaine vous permettra de bien assimiler les notions, de faire vos propres réflexions sur le sujet avant de continuer. Ce *101 jours pour apprendre le pendule* vous permettra d'approfondir immédiatement les connaissances acquises. Ce livre vous propose donc la théorie utile pour tout savoir sur le pendule, mais aussi les exercices pratiques nécessaires pour la mettre en action.

D'abord, il s'agit de vous procurer un cahier de notes. Pourquoi ? Parce que nous allons naviguer ensemble sur le fleuve de l'évolution pour finalement arriver à une mer de connaissances.

Ce journal de bord vous permettra de bien suivre votre voyage. Je ne suis là que pour vous conseiller et vous guider, vous êtes le capitaine. Il vous faudra inscrire vos repères et noter les failles observées pour être en mesure de cheminer dans la bonne direction.

Ce journal peut autant être un petit cahier, d'une centaine de pages, qu'un grand classeur à anneaux avec des onglets qui vous permettra de trier les sujets. Ou encore, vous pouvez utiliser l'ordinateur.

Votre cahier n'a pas besoin d'être beau, mais simplement agréable à la vue, à votre vue. Il vous suivra tout au long de votre lecture et conservera précieusement les trésors que vous aurez découverts. J'y ferai des renvois tout au long de ce livre, prenez donc le temps d'en acquérir un avant d'aller plus loin.

Au bout de cinq mois, ce qui est très court pour un cheminement ésotérique sérieux, vous aurez acquis autant de connaissances théoriques que d'expérience pratique. Vous pourrez même ensuite revenir sur les textes et exercices qui vous ont le plus intéressé pour les affiner par vos recherches et les animer par votre quête d'ésotérisme. Les informations proposées s'adressent autant aux débutants qu'aux plus expérimentés. Les novices y trouveront une nouvelle route à explorer, tandis que les anciens pourront comparer leur vision avec une toute nouvelle et ainsi découvrir de nouveaux horizons sur des terres déjà familières.

Le pendule, comme nous le verrons, est une branche pratique de la radiesthésie. Il permet autant d'avoir accès à des notions très terre à terre et concrètes qu'à des notions spirituelles et magiques. Toute personne, peu importe ce qu'elle est ou ses buts, trouvera une certaine utilité au pendule.

Je souhaite que ces 101 jours vous apportent magie, découverte et vous amènent à un niveau supérieur. Mais surtout, que le pendule vous guide sur la voie choisie, car il n'y a pas de coïncidences. En fait, ce livre n'est pas entre vos mains sans raisons.

Bon apprentissage et bon cheminement !

Catherine Solaris

Première partie

Immersion

Semaine 1 : Histoire

Jour 1 : La radiesthésie

La science occulte qui utilise le pendule se nomme radiesthésie. Ce mot vient du latin « radius » qui signifie « rayon » et du grec « aisthésis » qui veut dire sensation. La radiesthésie est donc la science qui permet de ressentir et d'analyser les ondes qui nous entourent, pour ainsi trouver des sources d'eau, retrouver un objet perdu ou encore découvrir de quelle maladie on souffre.

De nos jours, nous n'utilisons plus la radiesthésie pour les mêmes raisons. Dans les temps anciens, les gens se servaient de baguettes de sourcier pour trouver les sources souterraines nécessaires au développement des villages. Aujourd'hui, on se sert du pendule surtout pour des raisons ésotériques : questions sur l'avenir, introspection, recherches, etc.

Les recherches à l'aide de baguettes fourchues commencèrent aux environs de 1556. Les baguettes permettaient de trouver de l'eau, mais aussi des minéraux. Pour ce faire, on se munissait d'une branche de noisetier, d'olivier ou de saule en forme de Y et longue de 30 à 60 cm.

On tenait les bouts du V dans chaque main de façon que la branche du centre puisse pointer droit devant. Tout en gardant les mains immobiles, on devait marcher vers l'endroit où l'on croyait trouver de l'eau ou même une mine. Puis, lorsque la baguette pointait vers le bas, on pouvait interpréter cette réaction comme une réponse positive. Au contraire, si elle s'élevait vers le haut, il s'agissait d'une réponse négative.

Comment cela fonctionne-t-il réellement ? Les meilleures hypothèses disent que la baguette réagit aux champs magnétiques de la terre. L'eau souterraine bougeant sans cesse, elle ferait varier ces champs d'énergie. Ce qui ferait réagir la baguette. Grâce à cette technique, les chercheurs ont trouvé des minerais, du pétrole, du méthane, des sépultures, des reliques et des cavités souterraines.

Le pendule est la version adaptée à nos temps modernes de la baguette. De plus, il est de fabrication et d'utilisation beaucoup plus simple. Si vous n'avez jamais vu de pendule, vous pourriez penser au pendule qui fait avancer le temps sur une horloge grand-père, mais en format réduit, suspendu et se tenant dans la main. Il est formé d'un petit poids qui pend au bout d'une chaîne.

Au fil des jours, nous verrons toutes les méthodes d'utilisation du pendule.

Jour 2 : À quoi sert le pendule ?

Le pendule offre de nombreuses possibilités. La méthode la plus populaire reste bien sûr la divination. Le pendule permet d'avoir des réponses à nos questions concernant l'avenir, mais aussi sur des personnes et des événements.

Bien que le pendule prédise l'avenir, ses prédictions ne sont pas fermées. Le pendule perçoit les ondes actives, il réagit donc selon les choix déjà faits. Les prédictions sont justes, mais l'avenir reste malléable malgré tout.

Que ce soit pour vous, pour d'autres personnes ou concernant des événements, il répondra plus souvent par un « oui » ou par un « non », mais des réponses plus complètes seront données aux utilisateurs expérimentés. Son utilisation est si facile que les réponses détaillées arriveront bien vite sans que des années d'entraînement soient nécessaires.

C'est un outil excellent en ce qui concerne les introspections, par exemple pour trouver un blocage. En fait, on pourrait qualifier cela d'hypnose consciente. Si parfois vous cherchez une réponse sur vos aspirations profondes, des choses qui se passent dans votre subconscient, le pendule peut vous aider.

Mais ce n'est pas tout. Le pendule est aussi un outil de guérison. On s'en sert pour trouver des maux, des remèdes et même pour rééquilibrer les énergies et les chakras.

Le pendule permet également de discuter avec des entités, que ce soit des gens décédés ou notre ange gardien. Il nous donne un accès de plus à un monde si difficile à contacter, l'au-delà.

Le chemin ne s'arrête pas là. Le pendule sert à trouver les bons cristaux, à parler avec les animaux, à développer la voyance (comme tout outil de divination) ; il pourra même être utilisé dans les rituels de magie. Le pendule est un passe-partout et vous pourrez grâce à ce livre choisir les portes que vous désirez ouvrir.

Jour 3 : Le fonctionnement du pendule

Plusieurs hypothèses tentent d'expliquer le véritable fonctionnement du pendule. On suppose que le pendule réagit directement à toutes les énergies et les ondes dégagées par les créatures terrestres et les sources d'eau souterraines, par exemple. En lui posant une question, le pendule se mettrait à vibrer avec les ondes et énergies qui proviennent de la terre et celles qui nous entourent. Puis, grâce à elles, il irait chercher la vibration qui s'accorde à la réponse.

La deuxième hypothèse veut que le pendule tire ses réponses d'une entité. Donc, il serait en un sens possédé par une entité quelconque qui dicterait la réponse. Cette entité serait en mesure de lire dans les annales akhashiques qui sont le lieu où toutes les connaissances, autant terrestres qu'astrales, seraient réunies, ce qui inclut aussi la destinée de chaque créature vivante.

Ces hypothèses sont intéressantes, puisque le pendule, comme tous les supports de divination en général, est tout à fait neutre. Il ne fait que rapporter les informations demandées.

La troisième et dernière hypothèse suppose, quant à elle, que nous influençons directement le pendule ; que notre force mentale serait assez puissante pour fournir des réponses compréhensibles à travers celui-ci. Nous serions donc l'entité capable d'atteindre les annales akhashiques, ou encore la connaissance universelle, en passant par un messager ou médium, soit le pendule.

Chaque hypothèse est très intéressante et peut être facilement vérifiée par l'expérience. Laquelle est vraie ? Cela reste à confirmer, et peut-être que toutes ces hypothèses sont valables.

Comme pour tout moyen de divination, il ne faut pas en devenir dépendant. Le pendule est là pour vous aider, mais il n'est pas une béquille. C'est vous qui utilisez le pendule et non le pendule qui vous utilise. Sauf au début de votre apprentissage, toutefois, usez toujours de modération.

Jour 4 : Expérience vécue

Quelques anecdotes.

J'ai découvert le pendule en 1995, grâce à un ensemble que m'avait donné une amie de ma mère. Le manuel était simple, il fallait donc s'entraîner afin d'en apprendre plus.

Je commençai par des questions qui demandaient de simples réponses : oui ou non. Puisque les essais furent concluants, j'ai tenté de trouver d'autres utilités au pendule. J'ai découvert au fil de mes lectures qu'on pouvait chercher des objets.

Cela tombait très bien, puisque ma mère cherchait son portefeuille depuis un moment. Je me rends dans la cuisine avec ma mère et je demande au pendule où se trouve son portefeuille. Il commence à se balancer vers le mur qui fait dos à ma chambre. Nous nous dirigeons vers ma chambre, mais il se met alors à pointer vers le salon. Ma mère me précède et à force de nous promener dans la maison, nous avons compris qu'il ne pointait pas vers une pièce, mais bien vers ma mère ! Laquelle se déplaçait chaque fois que je questionnais le pendule. Son portefeuille, mince, était dans la poche arrière de son pantalon !

Il a aussi servi dans des cas plus désagréables. Lorsqu'un jour une amie tenta de séduire mon copain du moment. Le pendule nous a donné, à ma cousine et à moi, des indications sur le plan qu'elle élaborait. Nous savions qu'elle l'avait invité à sortir et qu'ils étaient, à ce moment précis, sous un pont. Puis, le temps passa et nous lui avons demandé : « Sont-ils encore à l'extérieur ? » Il répondit non. Alors nous avons demandé : « Est-ce que leur sortie continue ? » Encore un non. « Sont-ils de retour à la maison ? » Lorsque le pendule nous a répondu oui, nous nous sommes rendues chez lui. Finalement, mon copain nous a expliqué qu'elle voulait aller voir les feux d'artifices avec lui et qu'à cause de la pluie, ils avaient dû s'abriter sous le pont Jacques-Cartier pour les regarder. Grâce aux nombreuses questions posées au pendule, nous avons réussi à obtenir beaucoup de détails sur la situation et finalement tout concordait. Nous avons raconté nos démarches à mon ami et avons conclu que nous devions tous nous éloigner de cette « amie ».

Avec le temps, j'ai utilisé le pendule pour bien des raisons et dans bien des domaines. Il a toujours été juste. Jusqu'à un certain point. Un jour, alors que mon amie tenait le pendule, je me suis concentrée afin de lui faire dire la réponse de mon choix. Ce qui a très bien fonctionné ; alors j'ai recommencé et, chaque fois, il donnait la réponse attendue. Nous nous sommes bien amusées puisque je lui faisais dire des choses très rigolotes.

Toutefois, on ne contrôle pas le pendule. Il a, après un certain temps, cessé de répondre à mes questions. Finalement, j'ai dû m'en procurer un autre, mais il m'a fallu bien de la patience avant qu'il réponde oui à ma question : « Pendule, veux-tu répondre à mes questions aujourd'hui ? »

Heureusement, il est toujours possible de repartir à zéro avec toute technique ; c'est ainsi que j'ai retrouvé un bon contact et ma passion pour cet instrument mystique.

Jour 5 : Votre vision du pendule et vos buts

Je vous invite à noter dans votre journal de bord ce que vous pensiez et pensez maintenant du pendule. Le voyiez-vous seulement comme un outil de divination ? Ou le connaissiez-vous sur d'autres aspects ? Vers la fin de l'entraînement des 101 jours, vous relirez ce vous pensiez du pendule et pourrez comparer avec votre nouvelle vision.

Notez les buts que vous voulez atteindre. Nous testerons le pendule de plusieurs façons, mais il est bien de s'en tenir à quelques méthodes seulement.

Désirez-vous simplement l'utiliser en divination, ou encore faire des recherches ? Ou avez-vous envie d'aller encore plus loin ?

Notez tout ceci afin de tracer une ligne de conduite. Votre but peut se modifier au fil du temps, mais il reste normalement toujours assez près de l'objectif du départ.

Semaine 2 : Fabrication ou achat

Jour 6 : Fabriquer un pendule maison

Les pendules sont en vente dans les boutiques ésotériques, qui en possèdent une grande variété, tous plus beaux les uns que les autres. Si l'un d'eux vous attire vraiment, qu'il vous donne presque l'impression de vous appeler, alors n'hésitez pas ! Achetez-le !

Si vous hésitez, placez vos mains près des pendules, sans les toucher et ressentez les énergies émises en déplaçant votre main. Passez doucement près de chacun, ce qui vous permettra de sélectionner le bon. Et ne vous inquiétez pas, c'est une façon normale de procéder, personne ne vous trouvera « dérangé ». Vous pouvez aussi demander directement au pendule s'il souhaite travailler avec nous.

Il est également possible de fabriquer un pendule efficace. Avant d'utiliser une pierre précieuse, ou semi-précieuse, recherchez ses propriétés, par exemple, un quartz rose sera sûrement plus précis concernant les questions amoureuses. Le type de métal peut aussi avoir une influence. Toutefois, peu importe le type choisi, le métal est apte à répondre à des questions d'ordre général. Pour des sujets particuliers, il faudra trouver le matériau aux bonnes propriétés. Les boutiques ésotériques peuvent vous guider, sinon vous y trouverez facilement des livres sur les propriétés des pierres.

Une chaîne en métal ou en or de 15 à 30 cm (selon vos préférences) fera l'affaire. Attachez à l'un des bouts un petit poids, que ce soit un pendentif, une bague ou une pièce de monnaie trouée. L'objet choisi doit être assez lourd pour qu'un coup de vent ne fasse pas balancer le pendule.

Notez qu'une chaîne trop longue pourrait rendre le travail du pendule plus difficile, car le mouvement demandera alors plus de force. Cela pourrait aussi fausser les réponses en raison des vibrations et des micromouvements le long de la chaîne.

Une chaîne trop courte empêche d'obtenir des réponses, car son balancement ne se fait pas bien, ou encore les mouvements sont trop petits, donc les réponses sont moins claires. Choisissez la longueur qui vous convient, mais qui fera bien réagir votre pendule.

Le mieux est toujours de faire des tests. Un pendule est un véritable messager qui nous « parle », il faut donc le fabriquer avec soin pour avoir un bon contact avec lui.

Jour 7 : Rangement et astuces

Rangez le pendule dans un endroit précis, car il ne doit pas perdre sa puissance et il requiert des soins particuliers. Rangez-le dans une boîte, dans une petite pochette ou dans un endroit sécuritaire. Surtout, ne le laissez jamais traîner à découvert dans le fond d'un tiroir ! Il est préférable que le pendule soit enveloppé d'un tissu ou d'un contenant de couleur noire.

Le noir conserve les énergies et les préserve. Ainsi, votre pendule sera isolé du reste du monde et ne vibrera pas au contact des courants énergétiques ambiants.

Si vous avez déjà un autel dédié à la magie à la maison, n'hésitez pas à y faire une place pour votre pendule. Il sera ainsi imprégné des énergies évoquées lors des rituels. Toutefois, prenez note que pour conserver le pendule « en bonne santé » ou entièrement fonctionnel, ces rituels doivent être positifs et être inspirés de magie blanche uniquement. Vous pouvez également placer le pendule près d'un cristal de roche (quartz transparent), qui canalisera et amplifiera l'énergie.

Si le pendule est utilisé pour répondre à des questions négatives ou dans des lieux négatifs, pensez à bien le purifier chaque fois. Personne d'autre que vous ne doit y toucher et s'en servir.

Éviter de faire balancer le pendule. En discutant, vous aurez peut-être envie de le faire vaciller ou tourner. Posez-le alors sur la table.

Puisque le pendule vous transmet des messages, pensez à le remercier. Cela peut sembler étrange si l'on croit que le pendule bouge grâce au magnétisme de la terre, donc grâce à un phénomène naturel.

Un simple « merci » sincère est amplement suffisant. Remercier les gens, les choses, la vie est si facile et pourtant on l'oublie parfois. Vous pouvez lui dire merci à voix haute ou mentalement, le prendre dans vos mains et le lui dire intérieurement ou encore utiliser une technique quelconque en lien avec vos pratiques spirituelles. C'est un petit geste qui compte souvent beaucoup.

Jour 8 : Comment le choisir

Au moment de choisir le pendule, usez de votre intuition. Si vous ressentez une toute petite émotion, au niveau du cœur ou du ventre, c'est qu'il se passe quelque chose. Tenez compte de ce message.

Vous pourriez aussi être attiré, comme si une force appelait votre main et vous invitait à choisir un pendule en particulier. Suivez votre instinct. D'autres ne ressentiront presque rien. Cela importe peu, d'autres facteurs entrent en jeu.

Par exemple, le poids et la forme du pendule. Certains sont très lourds. Croyez-vous que vous pourriez ressentir une petite tension en tendant longtemps le bras ? Ou, au contraire, le pendule est-il si léger que vous avez l'impression qu'un simple souffle pourrait le faire bouger ?

Considérez également la forme des pendules. Certains seront longs et minces, tandis que d'autres seront ronds et larges, comme des billes. Aucune forme n'est mauvaise en soi, optez pour celle qui vous convient. Laquelle vous attire le plus ?

Certains pendules sont en pierre semi-précieuse. Comme vous l'auriez fait si vous aviez créé votre propre pendule, informez-vous sur les propriétés de ces pierres. Prenez garde au type de métal. Certains croient que les matériaux les plus conducteurs peuvent percevoir beaucoup mieux les courants magnétiques. D'autres qu'il faut éviter le magnétisme, par exemple des aimants, afin de mieux percevoir les ondes environnantes. Ce choix étant tout à fait personnel, je le laisse à votre discrétion.

Certains pendules portent des noms. Par exemple, le pendule égyptien, ou encore le pendule Mermet. On peut insérer dans ce dernier un morceau de l'objet recherché, ou encore un petit objet appartenant à la personne recherchée.

Si vous avez choisi de fabriquer votre propre pendule, inspirez-vous de ceux proposés en magasin. Votre pendule aura un avantage : il sera déjà complètement infusé de vos énergies et donc en parfait accord avec vous. C'est un atout considérable pour obtenir les meilleures réponses.

J'aurais pu donner davantage de détails sur les types de pendules, leurs formes (rond, ovale), leurs matériaux (améthyste, métal), mais je le répète, le meilleur pendule reste celui qui vibre avec vous.

Par vibrer, j'entends ondes et énergie, ces choses-là même que le pendule utilise pour vous répondre. Imaginez que vous vibrez sur les ondes « abc », vous entrez dans une boutique et vous regardez les pendules. Certains vibrent sur « ghi », « jlk », « xyz ». Mais à un moment, un pendule vous attire vraiment, beaucoup plus que les autres. Celui-là vibre sur les ondes « abc », tout comme vous ; voilà pourquoi vous ressentez cette attirance.

On pourrait choisir un pendule selon ses envies, ses besoins et sa personnalité, mais comme nous sommes des êtres constamment en mouvement, le pendule pourrait ne pas nous convenir. En le choisissant selon ce que nous ressentons et selon nos vibrations, le pendule vibrera et suivra notre cheminement.

C'est ainsi qu'un pendule peut être extrêmement efficace pendant des années, puis remplacé avec le temps par un autre, selon les changements produits en nous. Ou sinon, il pourra être utilisé jusqu'à la fin de notre vie, si nous avons déjà trouvé notre véritable moi et notre véritable voie.

Jour 9 : Noter ses résultats

Le pendule réagit différemment d'une personne à l'autre. Notez tout d'abord les réactions et leurs significations. Le pendule effectuera un jour des mouvements qui vous sembleront étranges.

Notez-les, car vous pourrez les décoder avec le temps. Ce sont des informations à ne pas oublier si vous désirez aller plus loin dans cette pratique.

Notez les résultats de vos entraînements. Autant au niveau du pendule lui-même que de votre environnement et de vos pensées. Évaluez tout et notez tout, faites une véritable analyse scientifique du pendule. Après tout, cet art fait partie des sciences occultes.

Notez aussi tous les résultats de vos expériences, que ce soit avec une carte géographique ou sur des cadrans de radiesthésie – si vous connaissez déjà ces techniques. Sinon, nous les verrons dans les prochains jours. Notez toujours les points positifs et négatifs. Il est bien de savoir ce qui réussit, mais aussi ce qui échoue, afin de ne plus refaire la même erreur.

Le journal vous sera très utile, surtout si vous utilisez les introspections et la guérison. Concernant l'introspection, les réponses seront probablement floues. Les messages de notre subconscient sont parfois très étranges et il faut quelquefois un moment pour les comprendre. Les noter permet d'y réfléchir plus tard, à tête reposée.

Quant à la guérison, notez le profil de chaque personne et écrivez la réaction du pendule. Certaines personnes seront plus fermées que d'autres. Il vous faudra expérimenter et voir quelles techniques fonctionnent ou pas.

Si vous testez plusieurs pendules, notez vos différentes tentatives. Vous verrez qu'un pendule de quartz rose est excellent pour les introspections, puisqu'il parle avec le cœur. Ou encore, le quartz transparent est excellent avec tout, puisqu'il est un canalisateur et concentrateur naturel.

Jour 10 : Fabriquer son pendule et son journal de bord

À compter d'aujourd'hui, vous aurez impérativement besoin d'avoir un pendule en main. Peu importe votre budget, il n'est pas nécessaire d'attendre de pouvoir acheter le plus beau et le plus coûteux. Rien ne doit vous empêcher de vous exercer dès maintenant, et surtout de vous entraîner. Le magnifique pendule très coûteux vu en magasin en sera d'autant plus heureux, car ce seront des mains expérimentées qui viendront le cueillir.

Fabriquez-le ou choisissez-le, cela importe peu. Nous verrons la semaine prochaine comment le purifier et le consacrer. Il sera alors prêt pour les premiers essais.

Si vous le fabriquez, je vous invite à noter dans votre journal de bord tous les détails techniques de sa fabrication. Ainsi, si vous vous rendez compte qu'il ne fonctionne pas selon vos attentes, vous pourrez faire une nouvelle tentative et noter les nouvelles informations. Ce sont les essais et erreurs qui donnent les résultats les meilleurs.

Semaine 3 : Généralités

Jour 11 : Comment lui parler

Il y a une astuce très simple concernant le pendule. Si nous sommes de façon toute naturelle respectueux envers les gens que nous connaissons, considérons le pendule comme une de ces personnes. Le pendule, peu importe son fonctionnement, doit être interrogé de façon respectueuse. Tout autour de nous est énergie et vibration. Les mots prononcés le sont aussi. Ils font vibrer les énergies qui nous entourent selon leur signification.

Quelques expériences scientifiques, notamment sur l'eau, le mentionnent et le prouvent. Les livres de Masaru Emoto décrivent très bien ce phénomène. Les mots sont donc très importants. Si on se dit que le pendule n'est qu'un simple objet, probablement messager d'une entité, ou qui réagit plutôt bêtement aux ondes terrestres, donc qu'il ne mérite pas le respect, alors nous risquons de ne jamais saisir son essence et de ne jamais réussir dans cette pratique. Pensez simplement à ce que vous dégagez lorsque vous lui parlez.

Le mot « laid » vibre négativement, tandis que le mot « beau » vibre positivement. Le pendule, lui, réagit aux ondes. Imaginez que vous employez des mots négatifs envers lui. Bien sûr, il réagira négativement, ce qui veut probablement dire qu'il vous donnera des réponses erronées.

Le respect ne s'applique pas qu'au pendule, mais bien à tout. Et vos questions doivent être le plus positives possible. Lors d'une séance, on parlera donc de santé plutôt que de maladie. On parlera de bonheur plutôt que de malheur et ainsi de suite. Tentez de visualiser comment votre phrase peut faire vibrer les énergies autour de vous.

Si vous considérez le pendule comme une personne, ou pourquoi pas, une entité à part entière, vous lui porterez déjà beaucoup plus de respect. Avec le temps et l'expérience, il deviendra d'ailleurs un interlocuteur de choix. Il répondra à nos interrogations, nous aidera à trouver des réponses et nous permettra d'avoir accès à des pouvoirs ou à des lieux normalement inaccessibles au commun des mortels.

Il devient même parfois une sorte de conseiller, bien souvent celui que l'on aimerait avoir devant soi, mais qui n'existe pas. Comme nous l'avons vu, il faut aussi bien traiter notre pendule.

Jour 12 : Savoir poser les bonnes questions

Il importe de bien formuler vos questions.

Évitez tous les mots qui rendent la phrase négative. Les « ne » et les « pas » ne doivent jamais faire partie de votre phrase:

- Ne vais-je pas changer d'emploi ?

- Mon amie ne va-t-elle pas tomber enceinte ?

Le pendule répondra positivement à votre question négative. Si votre amie doit tomber enceinte, il répondra donc non.

Tentez de préciser le temps. Donc, évitez les « plus tard », « dans quelque temps », « après ceci ou cela ». Utilisez plutôt des temps précis :

- Vais-je gagner de l'argent dans les trois prochains mois ?

- Vais-je encore travailler au même endroit l'année prochaine ? (Question qui serait une bonne solution de rechange à notre mauvais exemple précédent sur l'emploi.)

Choisissez des mots positifs pour faire résonner les ondes correctement et avoir une réponse censée. Toutefois, il peut être difficile dans certains cas de rendre la phrase positive. Pour ce faire, utilisez un dictionnaire des antonymes si vous le pouvez.

Sinon, tentez d'en faire une phrase d'espoir:

- Vais-je me sortir de cette maladie ?

- Malgré mon retard, vais-je terminer mon cours avec succès ?

- Les difficultés dans mon couple pourront-elles être surmontées ?

Vous pouvez aussi encourager le pendule à vous répondre plus clairement si vous trouvez la réponse nébuleuse. Tout comme vous le demanderiez à une personne, vous pouvez lui dire :

- Pendule, je ne comprends pas ta réponse, peux-tu faire des cercles plus gros ?

Même si cela semble étrange, vous pouvez ajouter des « s'il te plaît » ; et le remercier ensuite. Il est possible aussi que ce ne soit pas le bon moment de poser vos questions. Si vous avez un doute, demandez-le-lui:

- Pendule, acceptes-tu de répondre à mes questions aujourd'hui ?

S'il dit non, respectez son choix et reposez la question le lendemain. S'il continue ainsi longtemps, changez d'environnement, il y a peut-être de mauvaises ondes. Vous pouvez d'ailleurs confirmer cela avec lui. N'hésitez donc pas à le questionner, autant sur vous que sur lui-même.

Jour 13 : La purification

Si vous avez laissé traîné votre pendule, que plusieurs personnes l'ont utilisé, qu'il est resté très longtemps dans sa petite boîte noire, on considère alors qu'il est démagnétisé, qu'il ne perçoit plus aussi bien les courants énergétiques. Il faudra donc le purifier.

Selon qu'il est en métal, en pierre semi-précieuse ou en bois, la méthode sera différente. Les métaux sont très résistants, mais certaines pierres précieuses sont fragiles et parmi elles quelques-unes sont sensibles à la lumière de la lune ou encore du soleil. Le bois, selon qu'il est verni ou non, peut être sensible aux égratignures.

Le métal est résistant, donc placez-le une nuit dans un bol de sel. Ou encore, laissez-le sous les rayons du soleil et de la lune pendant trois jours. Sinon, enterrez-le tout simplement pendant quelques jours.

Vous pouvez aussi passer le pendule dans la fumée de l'encens de conifère (sapin, bois de santal, pin) ou d'encens de myrrhe en vous concentrant fortement sur l'effet purificateur des volutes de fumée sur votre instrument de divination.

Certaines pierres semi-précieuses sont très sensibles aux égratignures, donc le bol de sel n'est pas recommandé. Votre marchand pourra vous indiquer comment purifier la pierre de votre pendule. Sinon, il existe des méthodes sans risques. L'encens et les trois jours sous le soleil et la lune seront efficaces.

On procède de la même façon pour le bois. S'il n'est pas verni, ne le placez pas trop près de votre encens afin qu'il n'en prenne pas l'odeur.

Si vous pratiquez la méditation, vous pouvez méditer et visualiser vos pensées sur votre pendule. Il faudra donc créer une ambiance propice à la méditation, puis poser le pendule dans le creux de vos mains. Visualisez-le comme un outil, une aide dans votre vie, puis tentez de percevoir en lui tout ce qui est contraire à son essence, afin d'en retirer toutes les ondes négatives.

De la même façon, visualisez ce qui, en vous, est contraire à votre essence et voyez que ces choses sont dissoutes, détruites ou qu'elles quittent simplement votre être. Cela fait, il faudra faire le plein d'énergie positive, par des pensées relaxantes, des pensées rassurantes et chaleureuses. Cette étape terminée, vous pourrez faire la même chose avec le pendule. Voyez-le qui se gorge aussi d'énergies positives, celles que vous ressentez présentement en vous.

Certaines personnes possèdent un autel de magie sur lequel elles purifient leurs objets magiques. N'hésitez pas à utiliser cette méthode.

Dans tous les cas, et surtout après un achat en boutique, il vous faudra procéder à cette purification. Accomplissez cette étape avec attention.

Jour 14 : Consacrer et charger le pendule

Le pendule peut répondre à vos questions et vous aider à soigner vos chakras. Toutefois, vous vous rendrez compte, avec le temps et l'expérience, qu'il est préférable d'avoir un pendule pour chaque technique. Par exemple, vous pourriez le consacrer uniquement aux questions et recherches. Ou encore seulement à l'introspection. Sinon pour la santé et les chakras. Et finalement pour les autres techniques, peut-être un peu plus magiques.

Le type d'onde ou d'énergie passant à travers votre pendule varie beaucoup d'une technique à l'autre, il devient ainsi polyvalent, mais non spécialisé, et ne peut atteindre le sommet de ses performances. Tout le monde n'a pas les moyens d'acheter ou de fabriquer plusieurs pendules. La consécration palliera ce problème.

La première technique appelle un rituel. On dépose le pendule près d'une chandelle allumée. Puis, on allume un bâton d'encens afin de créer une ambiance. Lorsqu'on est calme et concentré, on visualise le but, puis on prononce les paroles suivantes:

« Pendule, je te consacre à la recherche d'objets ; puisses-tu réagir et répondre plus particulièrement à ce type de demande. »

Prenez-le dans vos mains et dites par exemple : « J'ouvre maintenant tes récepteurs à la recherche, ils resteront actifs jusqu'à ce que je demande une modification. »

Prononcez les paroles à votre façon et énoncez bien votre ou vos buts. En indiquant qu'il y a une fin à la consécration, il sera facile d'indiquer au pendule, le moment venu, à quoi il servira. Si vous ne désirez pas le consacrer, purifiez-le, il deviendra ainsi un pendule généraliste.

La deuxième méthode se combine bien avec la technique de chargement du pendule. Dans une atmosphère calme, prenez le pendule dans vos mains et sentez-le bien. Pensez à ce que vous êtes en train de réaliser. Puis, si vous ne l'avez pas déjà fait, énoncez mentalement à votre pendule son utilité et visualisez-le déjà en action.

Visualisez ensuite vos mains remplies d'énergie et qui la partagent avec l'instrument. Vous sentirez probablement vos mains picoter ou devenir chaudes, c'est normal. L'énergie est expulsée et le pendule y réagit. Ces étapes peuvent augmenter vos chances de réussite, consacrez-y le temps nécessaire.

Jour 15 : Le purifier et le consacrer

Peu importe le type de pendule, il vous faut le purifier et le consacrer pour obtenir de bons résultats.

Choisissez la méthode de purification qui convient (voir Jour 13), puis réservez-vous un temps pour faire le rituel. Qu'il s'agisse de le mettre dans le sel ou sur le bord de la fenêtre, prenez le temps de bien faire les choses. Lorsque le processus sera terminé, consacrez le pendule selon les méthodes proposées au Jour 14.

Ces simples gestes vous obtiendront des réponses beaucoup plus claires, le pendule tournera plus vite ou fera de plus grands cercles.

Si vous croyez que le pendule est (selon les hypothèses sur son fonctionnement) dirigé par des entités, il est primordial de le purifier pour que des entités négatives ne le corrompent pas.

Ces précautions sont nécessaires pour obtenir des résultats positifs et significatifs. Notez vos impressions dans votre journal de bord. Puis, voyez à quel point il y a eu un changement sur votre pendule. Par son énergie ou par ce qu'il dégage, ou encore par ses résultats si vous l'utilisiez avant.

Récapitulons

Nous avons vu ensemble un historique rapide du pendule. Nous comprenons la base de son fonctionnement et les hypothèses à ce sujet. Nous avons aussi fait un tour rapide des possibilités du pendule, mais sans toutefois aller au bout de ses utilités. Nous en verrons bien plus lors des expérimentations.

Ensuite, l'étape d'acquisition et d'analyse du pendule nous a permis de juger la méthode la plus efficace : la fabrication ou l'achat. Chaque pendule est unique et il réagit différemment d'une personne à l'autre. Il est donc très important de comprendre les réponses qu'il vous donne et de prendre des notes.

Finalement, nous avons vu comment préparer votre outil afin qu'il soit pleinement efficace lors des prochaines étapes de ce livre. La purification et la consécration sont des règles de base qui peuvent faire toute la différence dans vos essais et qui vous aideront à réussir vos tentatives.

Deuxième partie
Révélation

Introduction

Nous verrons dans cette deuxième partie quelques trucs et astuces d'utilisation. Ces simples conseils pourront tout changer.

Puis, nous verrons comment planifier une séance d'entraînement qui fera office de réchauffement.

Nous verrons comment bien interroger le pendule et établirons la différence entre ses réponses simples et plus complexes.

Finalement, nous verrons, entre autres, comment fabriquer des cadrans, sortes de « cartes » servant de guide au pendule.

Semaine 4 : Premiers essais

Jour 16 : Premières utilisations

On tient le pendule de plusieurs façons. On le tient normalement entre le pouce et l'index en le laissant tomber d'environ 15 centimètres. N'hésitez pas à le repositionner si vous voyez qu'il ne réagit pas. Il est peut-être trop court, ce qui l'empêche de faire de longs mouvements, ou au contraire, sa chaîne est peut-être trop longue, ce qui ne lui permet pas de donner des réponses précises.

Vous pouvez autant le pincer du bout des doigts que l'appuyer bien confortablement entre la première et la deuxième phalange de votre index. Rien ne vaut l'intuition et l'expérimentation. Tenez-le et attendez que la chaîne s'immobilise.

Il s'agira ensuite de déterminer le côté négatif et le côté positif.

Posez une première question. Par exemple : « Le feu est-il chaud ? » Regardez dans quel sens le pendule tourne. Normalement, un oui est représenté par une rotation dans le sens des aiguilles d'une montre, mais certains pendules réagissent différemment.

Demandez par exemple : « Le soleil est-il mauve ? » Il devrait maintenant tourner dans le sens contraire. Si les résultats ne sont pas concluants, recommencez avec d'autres questions jusqu'à ce que vous puissiez différencier une réponse négative d'une réponse positive. Si le pendule bouge en diagonale, sans tourner, c'est qu'il ne connaît pas la réponse ou que vous n'avez pas à connaître cette réponse. On peut aussi interpréter ce mouvement comme un « peut-être ».

Si, au contraire, le pendule ne réagit pas du tout, essayez de reposer votre question, mais différemment, plus précisément. Votre question n'est pas claire et incite le pendule à aller vers un oui et un non à la fois, donc, il reste sur place, ne sachant plus où aller.

Notez les résultats de ses réponses dans votre journal de bord, mais aussi toutes les variantes. Plus vous ferez d'essais, plus vous verrez que les mouvements du pendule diffèrent du oui, du non, du peut-être et de l'immobilité. Notez-les pour mieux les comprendre plus tard. Il utilisera ces mouvements pour les questions demandant des réponses complexes.

Vous pouvez poser des questions pour vous ou pour d'autres. Si vous sentez que le pendule vous donne la réponse que vous attendiez, évitez de le regarder et concentrez-vous uniquement sur votre question.

Jour 17 : Apprendre à être objectif

Tentez d'être objectif, même si parfois il est difficile de l'être, surtout lorsque les questions concernent des sujets qui nous tiennent vraiment à cœur. Nous verrons des techniques qui permettent de conserver l'objectivité du pendule.

La première astuce demande une part d'empathie. Certaines personnes sont capables de ressentir ce que vivent les autres, de façon toute naturelle. Elles savent ce qu'une personne ressent, comment elle le vit et pourquoi. Elles sont capables de se mettre dans sa peau, mais avec un atout en plus. Nous n'avons pas tous une empathie aussi développée, mais il nous est possible d'atteindre cet état en faisant certains exercices. Tentez d'abord d'ouvrir votre esprit et d'avoir plusieurs visions d'un objet.

Prenons un plat de plastique rouge écarlate. Celui qui le voit de près perçoit fort probablement un bol de taille moyenne, de couleur rouge. Celui qui le voit de loin pourra dire qu'il est tout petit et orangé, à cause d'une luminosité différente. Dans un tout autre ordre d'idées, une autre personne pourrait imaginer dans ce plat les croustilles qu'elle a mangées la veille en regardant son film préféré. Peut-être trouvez-vous mon exemple rigolo, mais cela démontre que la perception d'un objet ne se limite pas à une apparence : c'est toute une vision personnelle qui l'accompagne.

Tentez de vous mettre à la place d'une autre personne pour un instant. Regardez les choses autour de vous dans ses yeux, tentez de simuler les pensées qu'elle peut avoir sur les gens. C'est une façon d'ouvrir son esprit, de briser sa subjectivité pour aller de plus en plus, à chaque vision supplémentaire, vers une vision objective.

Ceux qui pratiquent la méditation peuvent aussi atteindre cet état d'objectivité en vidant leur esprit de toutes les pensées parasites.

Vous pourrez ainsi recevoir les réponses du pendule et non celles que vous souhaitez entendre.

Soyez objectif lors de l'interrogation du pendule. Si certaines questions particulières vous touchent trop, l'amour par exemple, demandez à une autre personne de poser les questions à votre place. Normalement, nous ne laissons personne toucher à notre pendule pour ne pas perturber l'équilibre entre l'instrument et nous, mais si vous croyez être incapable de faire preuve d'objectivité devant certaines questions, demandez l'aide d'un ami. Il vous faudra ensuite purifier votre pendule.

Laissez la personne prendre le pendule et posez la question. Puis, videz votre esprit et répétez mentalement votre question sans arrêt. Évitez de regarder le pendule. Il vibre avec les ondes et si vous vibrez trop fort sur un sujet, vous le ferez dévier. Laissez la personne vous faire signe avant de cesser votre concentration.

Jour 18 : Trucs et astuces

On ne pose pas deux fois une question identique. Le pendule donne la réponse qui convient, il faut donc accepter cette réponse de façon objective ou tenter de voir si votre question était réellement mal formulée.

Si vous demandez à nouveau la même chose afin d'obtenir la réponse souhaitée, le pendule risque ne plus vous répondre correctement. Il est préférable de ne pas poser une question sur laquelle on ne veut pas savoir la réponse. Toutefois, si vous vous rendez compte que vous avez vraiment choisi un mot qui peut être interprété différemment, prenez le temps de bien reformuler la phrase et reposez-la avec l'esprit tout à fait vide.

Je le répète, il vaut mieux ne jamais prêter son pendule à une autre personne, car son énergie entrera dans votre pendule et votre lien sera ainsi amoindri. Une personne plus ou moins négative pourrait perturber les réponses.

N'utilisez pas votre pendule près de surfaces métalliques ou magnétiques. Par exemple, si la table du salon a un cadre de métal, ne posez pas vos questions au-dessus. Cependant, le fer et les métaux moins conducteurs interfèreront moins ou pas du tout sur votre pendule.

Assoyez-vous et questionnez le pendule au-dessus de vos jambes. Il est ainsi enveloppé par vos énergies et vos vibrations.

Si vous n'obtenez pas de résultats satisfaisants, testez votre pendule chez un ou une amie ou à l'extérieur. Vous pourrez alors vérifier si le problème est lié à l'environnement.

Vous doutez de la réponse ? Vous ne savez pas si elle vient de vous ou du pendule ? Deux techniques peuvent vous venir en aide. La première est de fermer les yeux. Si vous ne fixez pas le pendule, vous risquez beaucoup moins d'influer sur ses mouvements. Fermez donc les yeux avant de poser votre question et voyez si le pendule vous répond la même chose.

Deuxièmement, tentez de poser des questions dont vous ne connaissez pas la réponse. Puis, dont vous connaissez la réponse. Le pendule bouge-t-il plus lorsque vous connaissez la réponse ? Les mouvements sont-ils plus clairs ou plus rapides ? Alors c'est que vous l'influencez. Voyez comment il réagit lorsque vous ne connaissez pas la réponse. Cela sera votre meilleure indication sur sa neutralité.

Avec le temps et l'expérience, vos questions deviendront complexes et les réponses aussi. Il faut donc garder l'esprit ouvert et bien analyser les signaux du pendule.

Jour 19 : Créer une ambiance

La pratique du pendule n'exige pas une ambiance mystique ou un moment en particulier. Le pendule fonctionne très bien en tout temps et partout. Par contre, au début, il sera probablement difficile de vous concentrer, peut-être même de rester sérieux. Seul, on entend sa propre voix parler, ce qui peut sembler étrange. À deux, selon les questions, il est plus difficile de rester concentré.

Une ambiance qui inspire le mystère et la magie sont alors un précieux atout. Le fait d'allumer une chandelle ou un bâton d'encens est un signal à votre cerveau. La chandelle et sa lumière tamisée, apaisante pour les yeux, vous disent que vous êtes à présent dans un moment calme et propice à la détente.

L'encens, lui, change votre humeur. Notez que les huiles essentielles peuvent tout aussi bien le remplacer. Il s'agit de stimuler votre odorat et, par le fait même, votre mémoire olfactive. Ainsi, chaque fois que vous sentirez cette odeur, vous vous rappellerez ces instants que vous avez vécus.

Si les résultats ne sont pas au rendez-vous avec votre pendule, créez une ambiance pour votre séance de radiesthésie. Par exemple, placez votre chandelle et votre parfum d'ambiance sur une grande table, puis prenez de grandes respirations.

Ensuite, prenez votre pendule afin de mieux l'énergiser. Utilisez la méthode de consécration sans les mots, ou celle de votre choix (voir Jour 14). Prenez soin de bien formuler vos questions au préalable. Afin d'être encore plus dans l'ambiance, vous pourriez les avoir écrits dans votre journal de bord, ou encore mieux dans un grimoire à l'apparence mystique, qui inspire la magie.

Il n'y a rien de mieux qu'un esprit réceptif ouvert à ce qu'il se prépare à faire. Ces simples gestes, qui peuvent aussi être accompagnés de musique, toujours du même genre d'une séance à l'autre, peuvent transformer votre pratique du pendule.

Avec le temps et l'expérience, vous n'aurez probablement plus besoin de ces petits outils, vous pourrez vous entraîner où bon vous semblera et peu importe votre état d'esprit, puisque vous n'aurez qu'à vous remémorer cette ambiance propice pour retrouver votre concentration.

Jour 20 : Faire quelques essais

Mettons en pratique dès maintenant la notion d'empathie vue cette semaine.

Videz d'abord votre esprit. Pendant un instant, soyez quelqu'un d'autre et tentez de voir une situation à travers ses yeux. Comment se sent une personne qui a réussi ? Comment se sent la mère de cette personne ? Comment se sent son mari ? Et comment se sent son compétiteur ? Cet exercice vous aidera à rester objectif au moment de poser vos questions.

Notez dans votre journal de bord toutes vos impressions. « Quand j'étais telle personne je ressentais ceci et cela. Quand j'étais cette autre personne, je voyais les choses comme ceci et je pensais comme cela. »

Plus vous comprendrez les gens, moins vous tenterez d'obtenir « votre » réponse à travers le pendule. L'univers vous répondra la vérité et vous serez capable de la recevoir.

Semaine 5 : Entraînement

Jour 21 : Entraînement seul

Avant toute chose, il faut s'entraîner. Je propose ici des techniques simples qui donnent des résultats immédiats et d'autres qui demanderont plusieurs jours d'entraînement.

La première technique est accessible à tous, car elle fait appel aux jeux de cartes à jouer ou au tarot. Choisissez huit cartes, deux de chaque famille.

Placez-les face contre la table. Mélangez-les bien sans les regarder et placez-les côte à côte. Placez votre pendule au-dessus de l'une d'elles et demandez-lui s'il s'agit d'un cœur. Recommencez au-dessus de chaque carte. Vous devriez avoir deux réponses positives. S'il ne répond pas bien, retirez des cartes et gardez-en seulement quatre ou sinon trois. Puis, augmentez la difficulté à mesure que les réponses deviennent de plus en plus justes.

Deuxième technique : placez dans un bol des petits papiers enroulés ou pliés en quatre, sur lesquels vous aurez préalablement inscrit des mots clés. Tirez-en un et demandez à votre pendule : « Le mot soleil est-il inscrit sur ce papier ? » Il vous dira oui ou non. Selon la réponse, passez au suivant.

Vous pouvez aussi jouer à pile ou face avec le pendule. Lancez une pièce et rattrapez-la sans la regarder, puis posez-la sur une surface. Tournez-lui dos et demandez au pendule de quel côté est la pièce en prenant soin de mentionner une des deux possibilités. « La pièce est-elle tombée sur pile ? »

Si vous sortez, posez-lui des questions sur les gens que vous rencontrerez, les lieux que vous visiterez. Ou demandez-lui si vous obtiendrez une réduction sur l'achat prévu. Ou encore si le trajet sera agréable ou non.

Voyez comment le tout s'est déroulé et faites un lien avec vos questions.

Entraînez-vous à bien formuler vos interrogations.

Augmentez ou diminuez le niveau de difficulté des exercices, selon vos préférences. N'allez pas trop loin au départ, car si vous échouez, vous pourriez vous décourager. Allez-y donc progressivement et laissez votre inspiration vous guider.

Jour 22 : Entraînement à deux

Il existe des exercices à faire en duo, il suffit de connaître une personne qui veut s'entraîner avec vous. Vous vous entraînerez en alternance. Le premier exercice est très simple. Prenez quelques petites boîtes noires, ou opaques, dans lesquelles vous pouvez cacher des objets : ce peut être une bague, une clé, un pétale de fleur, un morceau de papier ; tentez d'avoir une bonne variété d'objets afin de voir avec lesquels vous obtenez le plus de réponses. Les boîtes doivent être identiques. Disposez-les sur une table en ligne droite, puis tournez le dos. Votre assistant placera un des objets dans l'une des boîtes.

Passez le pendule au-dessus des six boîtes en lui demandant si l'objet s'y trouve. Le pendule devrait dire oui seulement au-dessus de la bonne. Sinon, recommencez avec moins de boîtes.

Un autre exercice se fait très bien à deux. Votre assistant cachera un objet, dont vous connaissez l'identité.

Commencez par demander à votre pendule où est l'objet. Il devrait osciller en direction de la pièce en question. Placez-vous au centre de cette pièce et reposez la question. Il indiquera une direction précise. Regardez ce qui est autour de vous et posez des questions de plus en plus précises. S'il est dans une commode, vous pouvez demander dans quel tiroir, un à la fois, jusqu'à ce qu'il vous indique le bon. Cela peut être long, mais ce sera aussi un très bon entraînement puisque vous posez plusieurs questions pour arriver à vos fins.

Le pendule ne peut trouver que des choses concrètes. Par exemple, si votre assistant met sa main derrière son dos et vous demande combien de doigt sont relevés, le pendule peut vous l'indiquer. Mais il est impossible de savoir à combien de doigt il pense alors que ses mains sont ouvertes devant lui. Cela relève de la télépathie et seule une très bonne concentration permet de projeter la bonne image. Tentez plutôt vos essais sur des choses tangibles. Comme des gestes, des événements et des lieux.

Pour le troisième exercice, demandez à votre assistant de faire un dessin sur une feuille de papier opaque et de retourner la feuille. Demandez au pendule ce qui se trouve sur le dessin. Commencez par demander s'il y a des arbres, un soleil, un cours d'eau ou encore des formes abstraites. Bien sûr, allez-y doucement en augmentant la difficulté afin d'éviter le découragement.

Toutes les techniques que nous verrons dans les prochaines semaines peuvent être tentées avec votre assistant. Il est très facile de faire une recherche sur une carte géographique par exemple, ou encore de trouver un mal physique qu'il connaît déjà. Il pourra vous confirmer que vous avez bien trouvé et cela ajoutera un point de plus à votre entraînement au pendule. Par la même occasion, cela vous apportera plus de confiance dans cette pratique.

Jour 23 : La psychométrie par le pendule

Le site astro (http://www.astro.qc.ca/esoterisme/psychometrie.htm) définit ainsi la psychométrie:

« On nomme ainsi la faculté qu'ont certaines personnes, spécialement douées, de connaître, par le contact des objets, les circonstances principales auxquelles cet objet a été mêlé. »

Cette faculté permet ainsi de connaître le passé d'un endroit ou, le plus souvent, d'un objet. Normalement, on touchera l'objet directement afin de recevoir des images mentales, des sensations et émotions. Ou une sorte de transe légère fera revenir à l'époque de l'objet en question.

Le pendule permet de pratiquer cette technique, mais d'une façon plus distante et moins troublante puisqu'il agit en tant qu'intermédiaire entre nous et les énergies. Le pendule devient un médium, celui qui transmet les messages sans que nous ayons à subir les émotions.

Commencez avec un objet qui appartient à un proche et assurez-vous qu'il soit à l'aise avec le fait de poser des questions sur sa vie grâce à cet objet. Ce pourrait être une bague de mariage, laquelle signifie souvent le bonheur et apportera donc des réponses positives. Ou encore un porte-bonheur, un objet dont la personne ne se défait que très rarement.

Posez des questions sur la rencontre entre l'objet et la personne. Demandez-lui si elle porte en elle de bons souvenirs. Si vous connaissez un peu la personne, vous aurez une gamme de questions bien plus vastes qu'avec une simple connaissance.

Puis, vous pourriez poursuivre dans une vieille maison. Visitez chaque pièce en demandant si les gens qui y habitaient étaient heureux. Si la réponse est positive, prenez le temps de ressentir ce sentiment. L'émotion devrait varier d'une pièce à l'autre.

Le pendule est un outil de divination, il développe donc de façon toute naturelle votre voyance. En ouvrant des portes sur des réponses qui viennent « d'ailleurs », notre esprit s'ouvre lui aussi de plus en plus. Grâce au pendule, vous pourriez développer votre clairvoyance (visions et flashs) ou clairaudience (entendre vos guides ou simplement des entités). Si vous concentrez votre pratique sur la psychométrie, vous pourriez aussi développer ce don.

Vous devez y être prêt et posséder la capacité psychologique et spirituelle de voir des parcelles du passé. Les révélations peuvent parfois être troublantes, autant qu'elles peuvent être merveilleuses et devenir de magnifiques préceptes de vie.

Jour 24 : L'interroger tous les jours

Peu importe la méthode choisie, il faut s'y exercer tous les jours.

Inventez des questions de base et posez-les. Par exemple, le matin, sans regarder par la fenêtre, demandez quel temps il fait. Commencez par ce qui vous semble le plus évident:

- Fait-il soleil dehors présentement ?

- Est-ce qu'il neige ?

- Aurons-nous une surprise météorologique aujourd'hui ?

Puis, vous pouvez demander si votre journée se passera bien.

On divise la journée en parties :

- Ma matinée sera-t-elle agréable ?

- Mon après-midi sera-t-il agréable ?

- Ma soirée sera-t-elle agréable ?

- Ma nuit sera-t-elle agréable ?

Notez les réponses du pendule dans votre journal de bord et comparez-les le soir venu ou le lendemain. Vous pourrez facilement faire des liens si des événements particuliers se sont produits.

« Le pendule avait bougé de cette façon précise. Il est arrivé ceci. Cette personne a dit ceci et cette personne a fait cela. »

Écrivez les noms, les gestes ou les paroles. Cela peut vous révéler des choses concernant les mouvements spéciaux de votre pendule.

Si vous recherchez l'amour, un meilleur emploi, de l'inspiration dans vos projets ou en affaires, demandez au pendule si votre journée vous permettra d'avancer dans cette recherche :

- Aujourd'hui, vais-je rencontrer le grand amour ?
- Aujourd'hui, vais-je rencontrer une personne avec qui j'aurai une relation amoureuse ?
- Aujourd'hui vais-je rencontrer une personne avec qui l'attirance physique sera mutuelle ?

Ajustez et personnalisez les questions selon votre quête et spécifiquement selon vos désirs. Dans cet exemple, la première question fait référence à un amour passionné, la deuxième à un amour simple et la dernière à une relation charnelle.

Il n'y a pas de questions stupides, surtout pas pendant l'entraînement avec le pendule. Toute question vous permet de décoder les réponses du pendule et d'affiner votre technique, alors laissez aller votre inspiration et interrogez-le sur tout.

Jour 25 : Choisir votre entraînement

Cette semaine, nous avons vu plusieurs techniques d'entraînement. Je vous suggère de noter dans votre journal de bord dès maintenant les techniques que vous aimeriez essayer. Autant celles qui vous inspirent que celles que vous trouvez plus facile.

Si vous n'avez pas envie de vous entraîner seul, notez le nom des personnes qui pourraient vous aider. Vous pouvez vous entraîner avec cette personne grâce à une webcam. Par exemple, votre interlocuteur déposera des cartes à jouer devant lui face contre la table de manière à ce que vous les voyiez vous aussi. Regardez-les toutes, puis choisissez-en une et interrogez le pendule à son sujet tout en la fixant.

Notez les exercices qui vous intéressent selon un ordre ou par période. Si vous savez que vous rencontrerez un ami le mois prochain, notez-le afin de ne pas oublier de tester le pendule avec lui.

Inscrivez votre programme d'entraînement au pendule. Il est possible que vos résultats changent vos plans, selon ceux que vous obtiendrez. Ajustez le tir et poursuivez. Soyez patient et tentez plusieurs méthodes.

Semaine 6 : Interroger le pendule

Jour 26 : Les questions simples

Nous avons vu des méthodes d'entraînement simples et la façon de composer des questions simples. Exercez-vous quotidiennement avec de nouvelles questions. Notez toutes les questions posées où vous avez obtenu des résultats significatifs. Elles deviendront des bases de vos prochaines questions.

Grâce à un simple oui ou non du pendule, nous pouvons construire une série de questions. Vous pourriez, par exemple, demander si vous allez changer d'emploi. Si la réponse est positive, demandez dans quel domaine : administration, droit, médecine, marketing, construction, art, santé, hôtellerie, etc. Demandez ensuite si vous aurez besoin de faire des études, si vous aurez une occasion ou si cet emploi vous sera offert grâce à un ami. Où sera l'emploi en question et combien il vous rapportera. Vous pouvez même aller en profondeur en posant des questions sur votre futur environnement de travail et vos futurs collègues.

Si ce nouvel avenir vous semble désagréable, posez des questions sur la façon d'éviter d'obtenir cet emploi. Comment faire en sorte d'avoir quelque chose qui vous convient vraiment ?

Commencez par les questions qui vous semblent les plus évidentes. Selon les réponses, vous saurez facilement quelles questions poser ensuite. Par exemple, si vous savez qu'un déménagement sera la cause de ce changement d'emploi, demandez d'abord si c'est vraiment le cas. Si oui, tournez-vous tout de suite sur des questions qui porteront sur la façon d'éviter ce déménagement. Le pendule pourra vous donner des indications sur une solution de rechange. On peut aller très loin de cette façon. Vous pouvez partir d'un point de départ très simple, pour finalement aboutir à une réponse extrêmement complexe et détaillée.

Laissez l'inspiration créer des questions. Si une question vous vient à l'esprit, ne la laissez pas partir, saisissez-la et interrogez le pendule. La réponse que vous cherchez ne viendra peut-être pas de cette question, mais en continuant d'une question à l'autre, vous tomberez indéniablement sur la réponse.

Plus les questions seront simples et précises, plus elles seront efficaces. Il ne sert à rien de demander : « Vais-je avoir une voiture bleue, de telle marque, à un tel prix, chez tel concessionnaire ? » Au début, séparez toutes vos questions. Plus vous questionnerez votre pendule, plus vous deviendrez habile avec lui.

Comme nous l'avons vu, dans les premiers essais, le pendule répondra par un « oui », un « non » ou un « peut-être ». Ou encore, il restera immobile s'il ne comprend pas la question ou si vous ne devez pas connaître la réponse. Si le pendule réagit différemment sur des questions particulières, notez ses réactions pour les analyser plus tard. Nous verrons plus loin comment décoder ces symboles.

Jour 27 : Les réponses complexes du pendule

Vous noterez parfois que le pendule réagit différemment. Ce sont des réponses un peu plus complexes qu'un simple oui ou non et elles doivent être interprétées différemment d'une personne à l'autre. Tentez de trouver des questions qui font réagir le pendule dans ce sens, des questions très simples, qui vous permettront de décoder son comportement.

Parmi ces réponses, on retrouve souvent la forme de l'ovale. Au lieu de tracer un cercle dans le sens des aiguilles d'une montre ou l'inverse, le pendule se mettra à tracer des ronds plus étirés. L'ovale est la forme allongée du cercle. Il peut donc être symbole d'instabilité, la perfection du cercle étant brisée. Ou encore, la symbolique d'une énergie qui cherche à s'évader, qui pousse sur les côtés.

On voit aussi souvent un grand symbole, qui est celui de l'infini. Le pendule trace alors des cercles qui se recoupent, ce qui forme le tracé du chiffre 8. Ce symbole est celui de l'éternité, de la vie éternelle. Il peut être celui des cycles de la vie et d'un recommencement. Pris négativement, il peut être celui qui refait toujours le même parcours, sans jamais pouvoir dévier de sa course.

Plus rarement, votre pendule tracera la forme d'un triangle, en se balançant d'un côté à l'autre, mais de façon inégale. Ce symbole représente la concentration d'une force vers un point bien précis. Le triangle porte une base fixe, des fondations qui soutiennent quelque chose. Il est en pointe, généralement représenté vers le haut ; il pointe vers le ciel, donc vers des sommets plus grands.

Même si nous avons vu les symboliques générales de ces formes, il importe que vous testiez ces réponses par des essais et en analysant vos notes. Elles ont peut-être un autre sens pour vous.

Notez avec précision dans votre journal de bord toutes les déviations du pendule pendant que vous le questionniez. Avec le temps, vous serez capable de vous laisser porter par le pendule. Il pourra vous conduire et déplacer votre main. Les tracés seront encore plus complexes.

Évaluez doucement tout signe supplémentaire et prenez le temps de le comprendre. Grâce à d'éventuels nouveaux mouvements, vous n'aurez peut-être pas besoin de poser toute une série de questions. Le pendule vous guidera en déviant de sa course pour former une nouvelle réponse, de nouvelles symboliques. Ainsi, cela ressemblera beaucoup plus à un dialogue.

Jour 28 : Résolution de problèmes

Le pendule peut aussi résoudre les problèmes. Dans la vie quotidienne, ce qui nous importe le plus souvent est de savoir comment aller mieux, comment être plus heureux, donc comment affronter les défis et régler les conflits.

Que ce soit pour une relation amoureuse ou une relation de travail, le pendule peut vous aider à y voir plus clair. Vous pouvez lui demander si cette relation est bonne pour vous deux. Puis, de trouver ensuite les sources du problème. La source vient-elle de vous ou de l'autre ? Parfois, il arrive qu'on ne sache plus si on est coupable ou non, surtout lorsqu'on est en présence d'une personne manipulatrice.

Lorsque vous aurez trouvé la source, vous pouvez demander les solutions pour régler le problème en question. Les questions de base viendront facilement, et c'est en discutant avec le pendule que les suivantes apparaîtront ; laissez-vous inspirer par les possibilités. Le pendule vous parlera peut-être de corriger des défauts trop profondément ancrés chez la personne ou de faire des choses qui vous semblent impossibles. Demandez-lui comment il vous est possible d'harmoniser la situation avec ladite personne. Si les questions ne vous viennent pas, faites une pause. Fermez les yeux, prenez quelques respirations et videz votre esprit ; puis, concentrez-vous à nouveau sur le problème et laissez venir les questions. Posez toutes celles qui vous viendront en tête, peu importe qu'elles semblent pertinentes ou non, car la solution se trouve parmi elles.

Si vous voyez que les réponses dévient vers vous et que le pendule semble vous expliquer que le problème n'est pas une cause externe, soyez ouvert à ce qu'il vous dit. Il arrive à tout le monde d'être un peu plus dur, d'avoir envie de se retirer, d'être moins réceptif. C'est tout à fait normal, c'est surtout humain. Le pendule pourra vous dire comment améliorer ces facettes plus sombres. Et si vous suivez ses conseils, la situation s'améliorera à coup sûr.

Parfois, il faut faire du travail des deux côtés. Commencez alors par faire votre part, puis allez-y avec les suggestions du pendule concernant l'autre personne. La vie peut être agréable, il suffit de trouver le courage de mettre le doigt sur les aspects plus désagréables et d'avoir la volonté d'être heureux pour faire les efforts nécessaires pour apporter un changement.

Il est difficile de voir clair dans certaines situations qui sont complexes ou qui semblent se couvrir d'une brume impossible à percer. Le pendule est alors là pour vous offrir un peu de lumière sur la situation, alors profitez-en et utilisez-le à bon escient.

Jour 29 : Prédire l'avenir

Le pendule est aussi un excellent outil de divination. Tout comme avec les cartes, les runes, les tarots, vous pouvez le questionner sur votre avenir proche comme lointain.

Le pendule réagit aux ondes et énergies qui sont présentes. Et souvent, sans nous en rendre compte, les choix que nous avons faits cinq ou dix ans plus tôt nous ont conduits là où nous sommes présentement. D'autres personnes sont parvenues à modeler leur futur en le visualisant depuis la tendre enfance. Les rêves, les ambitions et l'espoir forgent – dans les énergies autour de nous – la route, faite d'une succession d'événements qui se concrétisent.

Le pendule peut facilement décoder tous ces choix profonds qui font partie de votre existence. Il peut aussi décoder toutes les choses qui sont déjà commencées. Tant que le cours de ces choses ne change pas radicalement, il vous donnera la bonne réponse. L'avenir reste incertain pour tous les outils de divination, puisque nous sommes constamment les maîtres du présent, donc de notre destinée. Mais beaucoup de choses sont en route et cheminent vers un tracé bien défini.

Vous pouvez donc lui poser exactement les mêmes questions que si vous utilisiez des cartes. Si vous avez la capacité de rester neutre devant les questions et les réponses, vous n'aurez plus besoin de consulter une voyante.

Prenez soin, encore une fois, de bien poser les questions. Si vous demandez « vais-je devenir riche ? », il faut savoir ce que le mot riche représente pour vous, mais surtout pour votre subconscient. Peut-être que vous croyez qu'être riche c'est être millionnaire, mais peut-être que votre subconscient, lui, trouve que les gens qui possèdent une maison et une voiture sont riches. Surtout si vous vivez en appartement et que vous n'avez pas les moyens de vous procurer ces choses.

Le pendule réagit à vos vibrations et les plus subtiles seront toujours celles qui proviennent de votre subconscient. Prenez donc soin de bien poser vos questions sur l'avenir afin qu'il n'y ait aucun doute. Dans cette même optique, prédire l'avenir très tôt le matin ou encore très tard le soir peut être très intéressant et donner des résultats excellents. Votre esprit est ensommeillé et vibre sur des ondes qui sont plus « ésotériques », pourrait-on dire. Vous serez donc plus apte à envoyer des questions directes à votre pendule et à en comprendre les réponses à ces moments de la journée. Préférez aussi une ambiance très calme et mystique pour ce faire, votre esprit sera encore plus réceptif.

Jour 30 : Commencer par un essai facile

Vous aurez probablement testé plusieurs questions et obtenu déjà des réponses différentes grâce à vos exercices. Je vous invite donc à poser des questions sur votre avenir, tout comme vous le feriez en lisant les cartes ou pendant une séance avec une voyante. N'oubliez pas de noter vos prédictions dans votre journal de bord.

Écrivez tout d'abord des questions qui concernent votre avenir des prochaines semaines, des prochains mois, de l'année suivante, puis dans 5 ans. Notez le plus précisément possible toutes les réponses du pendule.

Puis, interrogez-le sur les domaines de votre vie pour l'année courante. Par exemple, afin de savoir si au niveau monétaire les choses se passeront bien, ou si vos amours resteront stables. Notez toutes les réponses que vous obtenez.

Il est très intéressant, mais surtout étonnant de relire son journal lorsqu'on a laissé passer des mois, mais surtout des années. Vous pourrez aussi analyser, par la même occasion, votre méthode de prédiction de l'avenir la plus efficace. Vous verrez donc si les questions vous vont mieux, ou au contraire si les généralités et les domaines de la vie vous parlent plus. En plus d'être intéressant, cet entraînement est amusant.

Semaine 7 : Les cadrans

Jour 31 : Comment tracer des cadrans et à quoi ils servent

Nous avons vu qu'avec l'expérience, vous serez capable de décoder les mouvements du pendule autrement que par le oui, le non et le peut-être. Mais il est possible que vous ayez tout de même de la difficulté à comprendre les réponses complexes. Les cadrans de réponses devraient vous faciliter la vie. Ces derniers peuvent être très vagues ou très précis ; ils sont personnalisables et ils se réalisent facilement et rapidement.

Prenez une feuille de papier blanc (évitez la couleur afin de rester le plus neutre possible), ou encore du carton. Tracez un cercle sur votre feuille. Déterminez ensuite le nombre de portions dont vous aurez besoin. Le cercle peut être séparé en 2, 4, 8 ou 16 portions qui correspondent au nombre possible de réponses à une question. Inscrivez dans chacun des segments les possibilités existantes.

Placez votre pendule au centre du cercle et posez votre question. Il oscillera d'un côté et de l'autre. Comment savoir s'il désigne telle réponse plutôt que l'autre ? Regardez bien le mouvement du pendule, il ira plus d'un côté que de l'autre. Déplacez le pendule au-dessus de la réponse présumée et demandez-lui s'il s'agit bien de cette réponse. Il devrait répondre oui ; sinon, allez sur la case opposée et reposez la question. Avec l'entraînement, vous verrez très clairement vers quelle réponse le pendule veut vous guider.

Si cela vous pose trop de difficulté, que ce n'est pas assez clair, construisez des demi-cercles au lieu de cercles complets. Il est alors impossible d'avoir une réponse ambiguë. Toutefois, les demi-cercles contiennent moins de possibilités de réponse. Pour passer par-dessus cette limitation, faites vos demi-cercles 2 ou 3 fois plus gros qu'un cadran normal. Ainsi vous aurez de l'espace pour tracer des portions en plus grande quantité.

La réponse pourra vous conduire vers une autre question. Vous pouvez ensuite construire un autre cadran avec des réponses liées à cette nouvelle direction.

Jour 32 : Les cadrans à plusieurs réponses

Voyons quelques exemples concrets. Supposons, par exemple, que vous ayez la chance d'aller faire un voyage avec une amie, mais que vous ne savez laquelle choisir. Vous pourriez tracer le cadran suivant :

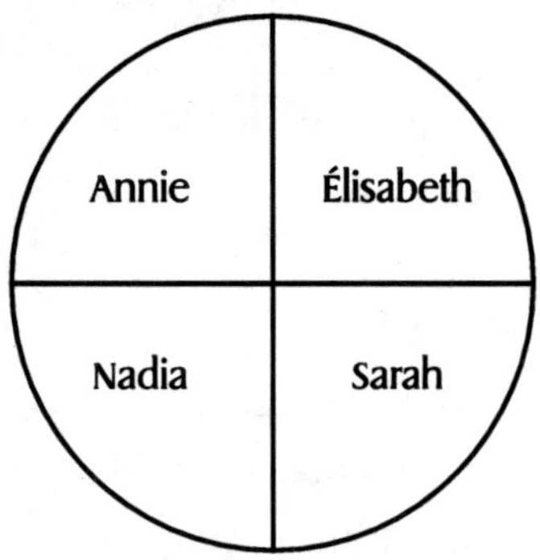

Si vous hésitez à déménager dans une ville ou à prendre des vacances dans une ville ou une autre, ce cadran conviendra sûrement mieux :

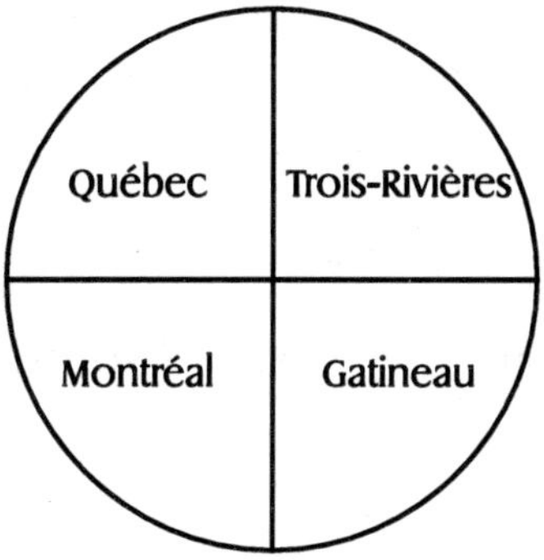

Comme nous l'avons vu, chaque cadran peut avoir plus de quatre réponses, tout dépendra du nombre de sections que vous y tracerez. Voyons maintenant un exemple très simple à huit sections, qui utilise des réponses d'ordre général, mais qui sont tout de même plus explicites qu'un oui ou un non.

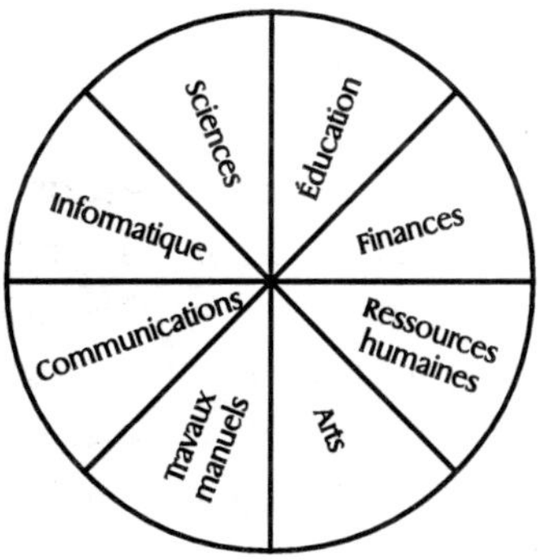

Les cadrans peuvent toucher à tous les domaines, surtout ceux qui vous concernent personnellement. Voyons un cadran qui vous aiderait à choisir un domaine d'études ou une carrière :

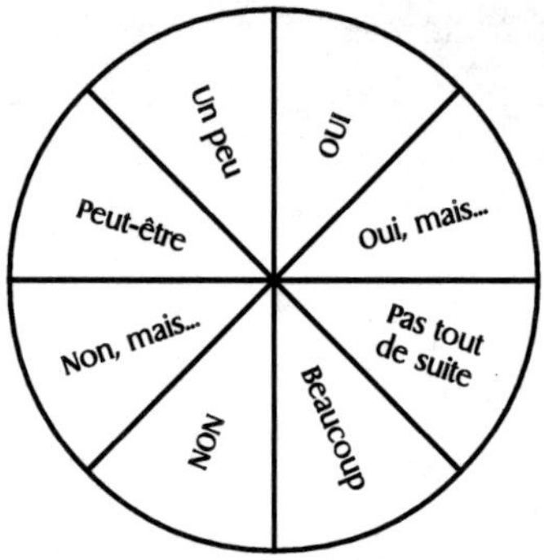

Jour 33 : Les cadrans complexes et spirituels

Il est possible de faire des chaînes de questions avec les cadrans. Préparez un cadran pour la question de base, puis passez à des réponses plus précises, grâce à un second cadran. Une surface de plastique facilement nettoyable avec un chiffon serait dans ce cas appropriée.

Ajoutez une case « mauvaise question » ou « autre réponse ». Ainsi vous saurez tout de suite si votre question est mal posée ou si la bonne réponse ne se trouve pas parmi les possibilités de votre cadran.

Les cadrans peuvent servir à des causes simples, concernant la vie de tous les jours, ou encore à des questions plus ésotériques ou spirituelles. Il vous suffit de les personnaliser en conséquence. Vous pouvez aussi faire un cadran qui contient les mois ou les semaines à venir. Il vous servirait pour toute question sur une date précise. Ou encore un cadran qui contient des pourcentages, afin de connaître les chances de réussite d'un projet avec une personne comparativement à une autre.

Pour un sujet plutôt banal, on peut faire un cadran avec des couleurs, pour savoir laquelle serait la plus appropriée pour une chambre à repeindre, par exemple. Il peut contenir des sources de problèmes et des types de solutions pour régler les conflits. Il est très utile si vous n'avez pas beaucoup d'inspiration pour poser les questions les plus pertinentes. Les réponses étant ainsi étalées, il est facile pour le pendule de vous répondre.

Comme nous le verrons plus loin, il est possible de déceler un chakra malade et de trouver le remède pour le soigner. Ou encore, d'inscrire le nom de plusieurs sortes d'huiles essentielles sur le cadran, afin de trouver laquelle pourrait le mieux vous aider à recouvrer la santé.

Les cadrans peuvent aussi servir d'oracles. On dessine ou on écrit dans chaque section du cadran un symbole bien précis, comme on le ferait avec des cartes de tarot. Le symbole que le pendule choisira sera la réponse. Si plusieurs symboles doivent ressortir, le pendule vous dirigera sur le suivant. Tout comme si vous aviez fait un tirage de plusieurs cartes.

Au niveau psychologique, le cadran peut contenir des moyens de récupérer de l'énergie, du repos, du divertissement, toutes ces choses qui pourraient vous remettre sur pied.

Jour 34 : Les cadrans symboliques

Il peut arriver que nous souhaitions plutôt obtenir une base de réflexion.

Si vous connaissez les symboliques des signes du zodiaque, par exemple, vous pourriez les dessiner sur un cadran. Puis, grâce au pendule, vous obtiendrez une réponse complexe, à une question qui semblait au départ peut-être très simple. Un signe zodiacal ne signifie pas seulement oui, non ou peut-être. Il peut représenter un esprit combatif, une personnalité protectrice, ou encore une personne indécise, selon le signe. Les possibilités de réponses sont plus vastes et vous donnent beaucoup plus de détails.

Imaginons par exemple qu'on trace les 4 éléments dans un cadran. Un cadran très simple, à seulement 4 sections. Pourtant, les réponses sont extrêmement vastes. L'eau peut autant représenter les émotions que l'intuition. Elle est aussi purificatrice que destructrice. Source de vie et de mort, elle représentera un aspect différent selon la question posée.

Les cadrans symboliques peuvent même devenir, telles les runes, des guides pour l'avenir. Le cadran symbolique donnera une réponse sur la route à suivre.

Si vous posez une question sur votre vie professionnelle et que le pendule s'arrête sur l'eau, cet élément vous suggère d'utiliser votre cœur et non votre tête. De changer de carrière si c'est l'appel que votre cœur vous lance.

Au contraire, si vous tombez sur le feu, le message concerne la passion. Une passion à faire renaître, ou encore qui est complètement éteinte. Sinon, cela pourrait parler de destruction, donc de laisser consumer ce qui est en cours, qui constitue un moment de passage.

L'utilisation des cadrans demande de l'expérience mais aussi de l'intuition. Laissez-vous guider par les symboliques et les images et créez votre propre oracle personnel. Certaines symboliques nous touchent plus que d'autres.

Si vous faites du sport, vous pouvez ajouter une case qui concerne ce genre d'activité. Si, au contraire, vous ne faites aucun sport, alors vous pouvez ajouter une case qui concerne les arts ou n'importe quelle autre de vos passions. Les cadrans symboliques vous permettent d'utiliser des symboles qui vous parlent vraiment et que vous pourrez décoder facilement. Les réponses seront claires, car elles parleront votre langage.

Jour 35 : Tracer un premier cadran

Pour un premier essai, essayez avec un demi-cercle. À moins de maîtriser déjà les mouvements du pendule et de vous laisser porter par lui, les réponses obtenues pourraient vous sembler confuses.

Votre premier cadran doit être très simple : n'inscrivez pas de réponses complexes, floues ou symboliques. Cela ne fera que vous apporter encore plus de questions, plutôt que des réponses. Avec le temps et l'expérience, les cadrans complexes pourront devenir des outils de travail avec lesquels vous serez à l'aise.

Choisissez des réponses qui correspondent déjà à des choix que vous avez en tête. Aucune réponse ne sera donc difficile à comprendre.

Par exemple, si vous hésitez entre trois domaines d'études, inscrivez seulement ces choix. Pensez à ajouter une case qui dit que la bonne réponse n'est pas présente. Vous pouvez avoir des idées claires, mais le bon choix pourrait ne pas vous avoir traversé l'esprit encore, vous ne le connaissez peut-être pas. Cette case sera aussi utile pour créer un nouveau cadran avec des options différentes.

Avant de construire votre cadran, si vous hésitez trop, demandez simplement à votre pendule s'il correspond à votre question. Vous vous évitez ainsi des tâtonnements inutiles. Utilisez votre journal de bord pour noter vos idées et les détails de la fabrication de votre cadran.

Récapitulons

N'oubliez pas : pour que le pendule fonctionne de manière optimale, il ne faut pas poser la même question à plusieurs reprises et il ne faut pas laisser n'importe qui le toucher. Si malgré tout vous n'avez toujours pas de résultats satisfaisants, pensez également à créer une ambiance.

Vous avez commencé à faire des essais seul ou avec un ami. Certaines techniques fonctionnent mieux que d'autres. Lorsque vous verrez vos résultats augmenter, conservez cette piste, c'est la bonne.

Nous avons vu comment poser des questions au quotidien et dresser un plan d'entraînement qui sera très utile au cours des prochaines semaines. D'ailleurs, les questions sur l'avenir peuvent éveiller votre don de voyance beaucoup plus que toutes les autres. Le pendule devient alors un instrument apte à développer ce don.

Finalement, nous avons vu les questions simples et complexes. Ne vous en faites pas si la situation ne semble pas évoluer. Votre intuition ou votre voyance pourrait se développer pour venir combler ce manque. Le pendule vous donnerait alors une réponse, mais des détails supplémentaires s'imposeraient à vous, sous la forme d'intuitions ou d'images mentales.

Les cadrans sont des outils très utiles lorsqu'on veut obtenir une réponse plus détaillée. Ils sont personnalisables et peuvent contenir les éléments de votre choix, au nombre de votre choix. Vous avez ainsi des repères simples et des réponses claires.

Troisième partie

Expérimentation

Introduction

Nous sommes maintenant prêts à tester les capacités du pendule.

La recherche d'objets ou de personnes est intéressante, que ce soit pendule en main ou encore muni d'une carte. Les introspections constituent une autre sorte de recherche.

Le pendule nous conduit aussi sur les chemins de la santé, autant du corps que de l'esprit. Il peut nous conseiller sur des traitements ou des aliments bons pour nous. Il peut aussi nous aider à soigner nos chakras et notre aura.

Le pendule permet également le contact avec l'au-delà et la découverte des bons cristaux. Il devient également un soutien supplémentaire si vous pratiquez la magie. Nous verrons des notions sur les énergies environnantes et apprendrons à protéger notre maison si le pendule y détecte des failles.

Nous terminerons par des notions sur la communication avec une personne dans le besoin de même qu'avec des animaux et nous verrons comment le pendule permet de recharger notre énergie grâce aux 4 éléments. Parmi toutes ces utilités, chacun trouvera une notion qui pourra lui servir et l'aider à faire de sa vie une expérience encore plus agréable.

Semaine 8 : La recherche

Jour 36 : Recherche simple

Le pendule permet de trouver les objets perdus et même des gens. Vous pouvez tenter cet exercice si vous avez réussi à détecter le langage de votre pendule.

Demandez à une personne de cacher votre télécommande quelque part dans la maison. Vous ferez une partie de cache-cache avec le pendule. Afin de retrouver l'objet, posez simplement la question : « Où est la télécommande de la télévision ? » Regardez bien le pendule. Quelle direction indique-t-il exactement ? S'il oscille vers une autre pièce, allez-y ! Si le pendule semble pointer vers le mur, l'objet peut aussi bien se trouver dans la commode placée contre le mur que dans la pièce derrière le mur.

Puis, reposez la même question. Chaque fois que vous posez la question, le pendule devrait donner une autre direction (selon votre position), mais toujours vers le même endroit ; il faudra donc vous déplacer. Si cet exercice vous semble un peu flou, demandez-lui simplement si l'objet est dans la pièce : « La télécommande est-elle dans la chambre ? » S'il dit non, changez de pièce et recommencez.

Lorsque vous aurez trouvé la pièce où l'objet se trouve, concentrez-vous sur les cachettes possibles. Cela peut être une commode, un divan, une garde-robe, sous le lit. Reposez encore la question au pendule et voyez où il vous conduit. Si vous avez besoin de précision, pour un bureau à plusieurs tiroirs par exemple, n'hésitez pas à poser la question ; le pendule pourra au moins vous dire si oui ou non l'objet est bien là.

Cet exercice devrait vous amuser.

Jour 37 : Recherche sur une carte

Si vous cherchez un objet ou une personne, la technique décrite hier ne sera pas assez efficace. Dans ce cas-ci, il faudra se munir d'une carte. Adaptez la carte à vos besoins : si vous cherchez une personne dans le monde, munissez-vous d'une carte du monde. Si vous cherchez dans votre quartier, une carte locale sera plus appropriée.

Par exemple, vous cherchez un objet en Europe. Votre première carte représentera donc l'Europe en entier. Quand vous aurez trouvé le pays, vous prendrez la carte de ce dernier. Puis, une carte de la ville, etc.

Pour les besoins de l'exercice, imaginons le scénario suivant:

Une personne a perdu ses clés, réunies dans un porte-clés fétiche, et elle souhaite les retrouver. Or, en une semaine, elle s'est rendue dans plusieurs endroits et elle ne sait plus où elle aurait pu les laisser. Elle prend donc une carte des derniers endroits visités.

L'image ci-après vous montre comment faire les tracés.

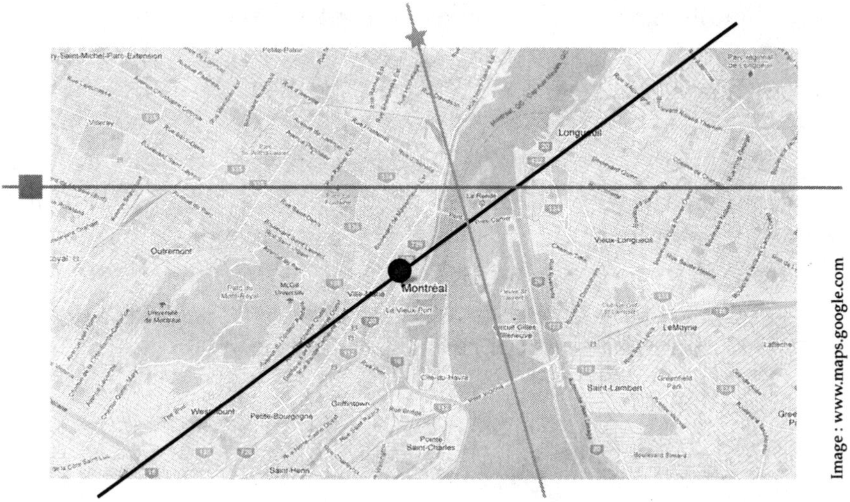

Image : www.maps.google.com

Premier départ — Premier tracé

Deuxième départ — Deuxième tracé

Troisième départ — Troisième tracé

Commençons les recherches en plaçant le pendule au milieu de la carte, sur le cercle. Puis, la personne demandera : « Où sont mes clés, celles qui sont avec mon porte-clés fétiche ? » Demandez à la personne de se concentrer sur l'objet pendant qu'elle pose la question.

Le pendule bouge, il va de gauche à droite, un peu en diagonale. Nous traçons donc un grand trait rouge d'un côté à l'autre de la carte. Ne faites pas une courte ligne, l'objet pourrait être situé dans un des coins de la carte et une ligne trop courte ne permettrait pas de voir ce détail clairement.

Passez à un autre point de départ, situé du côté parallèle à la ligne principale, afin d'obtenir une coordonnée, un croisement des lignes. Le pendule se remet à bouger, mais cette fois dans une autre direction et cette dernière vient croiser la première ligne. Faites le tracé. Maintenant que les lignes se sont croisées, vous pourriez arrêter ici et dire que vous avez trouvé l'endroit, mais il est toujours intéressant de confirmer avec une troisième ligne.

Partez du côté gauche ; vous auriez aussi pu le faire du côté droit de la carte. Une troisième ligne est enfin tracée et confirme ce que le pendule nous a dit. Notre point final est donc l'île Sainte-Hélène et le parc d'attractions La Ronde. La personne se souvient d'y être allée et peut donc téléphoner au centre des objets perdus et retrouvés pour voir si son porte-clés s'y trouve.

Jour 38 : Rechercher une personne

Pour rechercher une personne, les deux techniques vues les jours précédents pourraient convenir. Certaines exceptions semblent fausser les résultats, ce qui n'est pas le cas :

- Si la personne se déplace, par exemple en voiture, ou encore si on recherche une personne qui voyage, le pendule pourra sembler aller dans plusieurs directions. Essayez à un autre moment de la journée. Tard le soir, par exemple, ou encore la nuit.

- Si le pendule forme deux tracés parallèles, cela signifie que l'objet recherché n'est pas dans cette section et qu'il vous faut chercher plus loin sur la carte. Si le pendule se balance d'est en ouest, il vous faudra trouver les sections qui prolongent la carte en direction de ces deux points cardinaux, pour ensuite répéter l'expérience d'un côté ou de l'autre.

- Utilisez la méthode des questions. Confirmez avec le pendule que la personne est bien sur la carte que vous lui présentez, cela montrera que votre recherche est bonne, même si elle semble floue.

Lorsqu'on cherche une personne, on utilise d'abord son nom. Mais si vous ne le connaissez pas, par exemple parce que vous recherchez un parent biologique, utilisez des mots qui rappellent cette personne. Si vous savez, par exemple, la date de naissance, la ville natale ou d'autres informations sur ce parent, ajoutez-les à votre question. Vous pouvez tracer un portrait complet de la personne afin de faire réagir plus vivement le pendule.

Un objet qui appartenait à la personne dans votre main libre permettra d'envoyer une sorte de signal de recherche à votre pendule. Sinon, laissez le pendule sur l'objet en question, pendant quelques jours, afin qu'il se charge complètement de l'énergie de la personne. Il donnera alors des réponses plus précises.

Nous l'avons vu plus tôt, le pendule Mermet peut contenir un petit morceau d'un vêtement ou quelques cheveux de la personne que vous recherchez, ce qui précisera votre recherche.

Le pendule peut ne pas réagir. Si vos essais ne fonctionnent pas, demandez au pendule si la personne est décédée. Il ne faut pas écarter cette option.

Jour 39 : La recherche par la visualisation

Lorsque vous aurez fait plusieurs recherches avec le pendule, vous réussirez à retrouver des objets, même des personnes en mouvement. Avec l'expérience, vous ressentirez même les mouvements du pendule et vous pourrez facilement le visualiser. Pour faire des recherches mentales avec le pendule, il faut pouvoir le visualiser lors d'une recherche passée. Par exemple, installez-vous dans un endroit calme et laissez votre esprit revenir à l'instant où vous effectuiez votre dernière recherche.

Étiez-vous seul ? Quelle était l'ambiance générale ? Que cherchiez-vous et qu'a répondu le pendule ? Comment a-t-il réagi et qu'avez-vous découvert ensuite ? Voyez toutes ces étapes une à une et surtout, visualisez le pendule qui bouge devant vous. Lorsque vous serez en mesure de visualiser vos séances précédentes, vous pourrez vous créer des séances de pendule virtuelles. On pourrait comparer cet exercice à de la magie mentale, car il s'agit du fait d'agir « magiquement » grâce au simple pouvoir de l'esprit, sans aucun instrument physique.

Pour un premier essai, videz votre esprit de toutes pensées parasites. Faites place à votre pendule et uniquement à lui. Visualisez votre pendule, laissez-le apparaître doucement dans votre esprit, derrière vos yeux. Puis, voyez-le seul ou voyez-vous en train de le tenir.

Interrogez-le ensuite par une première question très simple. Vous devez avoir acquis cette capacité de détachement et d'observation objective pour voir sa réponse. Lorsque vous le verrez et qu'il vous répondra, posez-lui tout de suite une question sur l'objet ou la personne que vous recherchez et ouvrez votre esprit. Certains verront peut-être une carte au début, surtout si c'était l'instrument principal de recherche. D'autres verront le pendule se déplacer.

Le pendule pourrait cependant disparaître et laisser place à des images. Des endroits ou des objets précis pourraient vous venir en tête. Surtout, laissez ces images passer, vous les analyserez plus tard. Voyagez avec le pendule et voyez ce qu'il veut vous montrer.

Pour revenir à la réalité présente, refaites le chemin inverse ou mentionnez au pendule que la séance est terminée. C'est une méthode qui semble complexe, mais qui plaira aux plus expérimentés.

Jour 40 : Faites une première recherche facile

Qui n'a pas déjà cherché ses clés ? Ou encore un vêtement ? On cherche tous un petit quelque chose à un moment ou à un autre de notre vie. Commencez avec quelque chose de simple. Bien sûr, lorsqu'on cherche ses clés, c'est souvent lorsqu'on doit partir et qu'on est pressé. Si, par exemple, on les cherche la veille, on aura le temps de les trouver avec le pendule.

Sinon, trouvez un objet ou une personne à chercher qui ne vous donnera pas de fil à retordre. Notez au fil des essais que des subtilités, des détails apparaîtront. En commençant par des choses simples, vous pourrez vous rendre compte de ces aspects.

Pour que les choses soient encore plus simples, exercez-vous avec une autre personne et faites une sorte de jeu de cache-cache avec elle comme nous l'avons vu dans les jours précédents. Si vous ne trouvez pas l'objet, notez dans votre journal de bord où il était et comment vous avez fait pour le trouver ou non. Recommencez la recherche en demandant à la personne de cacher un autre objet (si vous avez échoué) ou de déplacer l'objet. Puis, notez à nouveau vos résultats, ainsi que les pourquoi et les comment qui vous ont permis de réussir votre recherche.

Semaine 9 : Les introspections

Jour 41 : À quoi servent les introspections ?

Le pendule sert aussi à scruter des endroits plus profonds, plus mystiques, plus abstraits. Je fais ici référence à l'introspection qui signifie regarder en soi, s'analyser, s'observer pour mieux se comprendre et se retrouver et améliorer sa vie.

L'introspection vous révélera des choses qui sont profondément enfouies en vous, dans votre inconscient, sous la forme de messages que vous ne décodez plus, ou dans votre mémoire, sous la forme de choses que vous avez « décidé » d'oublier.

L'introspection permet de trouver la source de problèmes. Parfois l'exercice peut être très difficile psychologiquement, car on repense à des scènes tragiques, mais c'est aussi une étape vers la libération de soi. Comment nous libérer de quelque chose qui échappe à nos souvenirs ? Ça semble impossible, mais c'est possible avec le pendule.

Si nous voulons trouver des aspects plus positifs en nous, l'introspection en vue de mieux se connaître est des plus intéressantes. Nous nous demandons alors où sont passés nos intérêts d'antan, quelles passions on a perdues en chemin, quelles sont nos envies, de quoi on aurait besoin pour être plus heureux, ce qui manque à notre bonheur, etc. Des questions fondamentales qui peuvent tout changer.

Certaines personnes sont très émotives, tandis que d'autres sont plus raisonnables. Dans les deux cas, le pendule vous donnera la réponse qui est vraiment là, tout au fond de vous, bien cachée derrière le contrôle de la raison ou la folie des émotions.

On peut facilement comparer ces introspections à des séances d'autohypnose. On active la communication entre le conscient et le subconscient. Ils ne dialoguent plus en douce, nous pouvons entendre le discours qui passe entre les deux et le modifier.

Jour 42 : Savoir se centrer et s'ancrer

Avant de plonger en soi, il faut d'abord savoir s'ancrer. Vous allez naviguer sur une mer plutôt instable, le subconscient est fait ainsi. Vous devez donc garder un pied sur terre, un pied solide, qui vous empêchera de chavirer.

D'abord, ayez des pensées et des buts positifs. Les images qui s'imposeront à votre esprit doivent vous plaire : des moments qui vous ont ému, ou encore une atmosphère où vous êtes en parfaite harmonie avec vous-même.

Ce ne sera pas facile pour tous, surtout si vous tentez de faire le point. Vous pouvez alors utiliser une méthode d'ancrage par visualisation qui a fait ses preuves. Les adeptes de la magie et des méditations profondes les utilisent.

Faites le calme en vous, de la tête aux pieds. Videz votre esprit de toutes vos pensées parasites et laissez place à une seule et unique visualisation. Voyez-vous doucement devenir un arbre, un magnifique arbre. Devenez ce dernier, sentez vos bras devenir des branches, votre corps et votre tête une partie du tronc. Étirez-vous vers le ciel, physiquement ou mentalement et sentez que vous touchez le soleil ou les étoiles, ce qui vous permet de vous unir au reste de l'univers. Baissez ensuite les bras et sentez l'énergie du ciel venir d'en haut, descendre sur vous, et continuer sa route à travers votre corps pour descendre vers vos pieds.

Lorsque vous sentirez que vous faites un avec le reste du monde, même si la sensation est faible, visualisez vos pieds, qui seront physiquement bien à plat sur le sol, devenir des racines. Ces dernières se plongeront dans le sol et, peu importe l'étage où vous vous trouvez réellement, descendront jusque dans la terre.

Vous vous sentirez alors plus solide, vous serez ancré. Vous êtes comme un arbre très ancien, car lié à l'univers, et inébranlable. Vous pourrez alors commencer la séance d'introspection. Rien de ce que vous verrez ou sentirez ne pourra vous perturber, ni vous « déraciner ».

Pour retourner à la réalité, il suffira de visualiser les racines qui remontent dans vos pieds. Lorsque vous sentirez l'énergie remontée, levez les bras à nouveau vers le ciel pour projeter vers l'univers toute cette énergie.

Si tout cela vous semble un peu trop complexe ou « magique », vous pouvez utiliser la méthode d'ancrage avec une pensée positive extrêmement forte. Par exemple, vos enfants ou toute autre personne qui vous empêcherait à tout prix de quitter la terre. Accrochez-vous à l'image de vos enfants heureux avec vous et vous aurez un ancrage extrêmement solide qui vous protégera contre toute perturbation.

Jour 43 : Précautions et dangers

Faire une introspection, c'est plonger en soi. La métaphore est intéressante, puisque nous avons besoin de savoir nager, ou au moins d'avoir des outils qui permettent de garder la tête hors de l'eau, avant même de plonger.

Si vous être d'humeur instable, si vous êtes dans une mauvaise passe ou si vous avez trop d'incertitude, ce n'est pas un bon moment pour faire une introspection. Il est possible de trouver des points positifs, mais la plupart du temps, les événements négatifs ressurgiront d'abord.

Il est possible d'orienter la recherche vers des buts précis, comme retrouver des passions anciennes, lesquelles ne se seront probablement pas perdues pour rien : des raisons les cachent pour ne pas vous rendre triste. Soyez prêt mentalement à faire face à certaines vérités oubliées. Ou encore, à voir les choses d'une façon différente. Vous vous êtes probablement senti coupable dans le passé, mais en voyant les choses sous un angle nouveau, vous perdrez probablement cette culpabilité.

En cherchant des aspects positifs, vous risquerez moins de croiser de vieux traumatismes. Si vous rencontrez une pensée négative, vous pourrez alors la bloquer tout de suite. Simplement en lui disant : « Non, pars immédiatement ! » Et en la repoussant.

Commencez doucement, du plus petit au plus grand. Vous pourriez éveiller un talent enfoui. Puis, allez chercher une passion perdue. Ensuite, défaire un blocage. Vous questionner sur des aspects très profonds de votre vie. En y allant doucement, vous prendrez de l'expérience et vous comprendrez mieux le processus d'introspection et ses résultats. Surtout, prenez votre temps et réglez une seule chose à la fois. Ne rendez pas votre subconscient confus, cela doublera votre propre confusion.

Ancrez-vous avant de commencer une séance et gardez toujours des pensées positives. Elles vous permettront de vous rendre droit au but. Et elles vous protégeront des moments plus douloureux que vous aurez choisi de soigner.

Allez-y selon votre capacité et vos limites. Faire face à une phobie n'est pas chose possible pour tous, certains ont des niveaux de tolérance plus grands et d'autres sont plus sensibles. Il existe de toute façon d'autres méthodes pour soigner ce genre de maux, alors utilisez la méthode la plus appropriée, même si cette dernière n'est pas liée au pendule.

Jour 44 : Comment s'entraîner avec le pendule

Pour faire une séance d'introspection, il faut d'abord être à l'aise avec le pendule. Il doit déjà répondre correctement aux questions de base et il doit vous être familier. Ensuite, il faut être dans un endroit calme, où rien ne pourra vous distraire.

Contrairement aux méthodes de recherche, où les petites distractions ne peuvent pas venir fausser les résultats, pour l'introspection, il faut être exclusivement centré sur soi. Le calme est donc nécessaire. Tamisez les lumières si cela vous aide.

Lorsque vous avez atteint cet état de calme, que tout autour de vous l'est aussi, prenez le pendule doucement dans vos mains et ressentez-le comme un prolongement de vous. Concentrez-vous sur lui et voyez-le comme votre porte-parole, un traducteur des messages de votre âme. Concentrez-vous sur ce qui vous préoccupe ou sur la question qui renferme trop de mystère en vous.

Vivez pleinement cette interrogation et placez le pendule dans votre main. Commencez avec des interrogations simples, en lui demandant par exemple : « Vais-je bien aujourd'hui ? » C'est une façon de vous rencontrer, de commencer la conversation.

Cette méthode demande beaucoup de patience, beaucoup d'essais et d'entraînement. Le pendule, fonctionnant par oui ou non, vous demandera beaucoup d'imagination pour certaines questions et beaucoup de temps pour trouver une réponse détaillée. Vous verrez probablement une grande évolution d'une séance à l'autre et c'est pour cela qu'il faut persister. Soyez tenace et allez-y une étape à la fois.

Avec le temps, le pendule bougera dans une nouvelle direction, écoutez votre intuition pour analyser ce nouveau mouvement. Que veut-il vous dire ? Il fait des formes ovales au lieu de tourner en rond ? Il tourne et revient sur lui-même en zigzaguant comme s'il traçait le chiffre 8 ? Ces mouvements sont tous l'expression de nouvelles réponses personnelles. Ainsi, avec l'expérience, vous pourrez savoir énormément de choses, bien au-delà des simples oui et non.

Lors d'une première séance, vous pourriez le consulter pour une décision à prendre, par exemple trouver un nouvel emploi ou retourner aux études. Lors d'une introspection, nous posons nos questions au pendule en soi, dans notre esprit. Après un moment, le pendule bougera doucement pour vous donner la réponse. Et cette dernière sera votre réponse, celle qui est là, derrière tous les autres questionnements. La solution qui vous fait vraiment envie apparaîtra à travers le pendule.

Jour 45 : Évaluer les besoins

Fixez-vous des buts. On ne va pas chercher des choses en soi, et donc dans son subconscient, sans savoir d'abord pourquoi. Je vous invite donc à écrire dans votre journal de bord, que vous ayez l'intention de faire ces introspections ou non, toutes les choses que vous aimeriez retrouver en vous, ou encore ce que vous aimeriez guérir.

Si vous choisissez de vous lancer, vous aurez une route droite et bien tracée devant vous. Énoncez vos buts et vos motivations. Dites ce que cette recherche pourrait vous apporter de plus dans votre vie et pourquoi vous recherchez cet aspect.

Si vous ne voulez que noter vos idées, vous ouvrirez tout de même une porte, même légèrement entrouverte, à votre subconscient. Le fait d'écrire nos buts permet d'extérioriser nos souhaits et nous aide ensuite à les concrétiser, consciemment ou non.

Notez ce qui vous tient le plus à cœur quand vous pensez aux introspections. Nous verrons dans les jours suivants des buts précis. Vous pourrez donc ajouter au fil de ces lectures des idées et des chemins supplémentaires que vous désirez suivre. N'hésitez pas à ajouter de nouvelles pensées. Vous communiquez avec votre moi intérieur et il ne sait pas tout transmettre en une seule fois.

Semaine 10 : Les introspections (suite)

Jour 46 : Réapprendre à se connaître, rencontrer l'enfant en soi

La première introspection, la plus douce, est celle qui nous permet de rencontrer l'enfant en nous. Jeune, nous avions une personnalité de base bien définie. Cette dernière a pu être abîmée par les croyances, par la vie d'adulte avec ses difficultés ou par des problèmes psychologiques. Cette introspection sert donc à retrouver qui nous étions.

Bien sûr, en vieillissant, vous avez acquis des traits de personnalité supplémentaires. Cela fait partie de votre évolution, de votre maturité. Ces choses ne changeront pas, ne vous en faites pas. Rencontrer l'enfant en soi ne consiste pas à retomber en enfance, mais plutôt à retourner à la source.

Parler à l'enfant en soi, c'est s'adresser à lui directement. Si vous vous nommez Isabelle, par exemple, vous vous adresserez à votre « jeune Isabelle ». Il faudra donc du calme et une ambiance sereine. Prenez votre pendule et commencez la séance en indiquant votre souhait et en posant votre première question.

« Je désire faire une introspection pour parler à l'enfant en moi, je désire communiquer avec Isabelle, alors qu'elle avait 5 ans. » Vous pouvez mentionner l'âge ou le moment de votre choix, ou simplement l'appeler. Le pendule réagira alors positivement. L'enfant intérieur est souvent considéré comme une partie de soi inutile ou inexistante. Il sera très heureux que vous vous adressiez à lui.

Questionnez votre enfant intérieur sur ses peurs. Ou encore, posez-lui des questions à propos de vieilles passions abandonnées au cours de votre vie. Il s'agit de vous comprendre maintenant ; de retracer le chemin fait, mais surtout de ne faire qu'un avec votre enfant intérieur. Unissez-vous avec cette partie pure de vous pour mieux vivre maintenant.

Des images vous viendront probablement en tête. Vous pouvez alors continuer avec des questions qui vont dans cette direction. Il arrivera un moment où vous n'aurez plus besoin de votre pendule pour parler avec votre enfant intérieur.

Si vous craignez le feu, demandez-lui directement : « Isabelle, pourquoi as-tu peur du feu ? » Puis, vous pourrez la rassurer : vous êtes maintenant devenu un adulte responsable et cette vieille peur n'a plus lieu d'être. Vous pouvez maintenant la défendre contre le danger et vous faites tout pour sa sécurité. L'union de tout vos « moi » formera votre vraie personnalité, sans le lavage de cerveau issu des années et des enseignements de la société et vous donnera plus de force dans votre vie.

Jour 47 : Retrouver une passion perdue

Sans s'adresser à l'enfant intérieur, vous pouvez vous questionner afin de retrouver des passions perdues. Certains parmi vous peuvent ressentir une sorte de lassitude, probablement due à la routine ou à un manque d'accomplissement personnel. Qu'en est-il de vos ambitions personnelles ? Les avez-vous accomplies ? Votre travail vous permet-il déjà de vous réaliser ou avez-vous besoin d'un passe-temps pour vous sentir pleinement accompli ?

Une introspection avec le pendule vous permettra de répondre à ces questions. Cette fois, c'est sans danger. Sauf si une personne crée un obstacle. Par exemple, un conjoint qui ne vous encourage pas à faire plus et qui ne vous soutiendra pas non plus. Sinon, un parent ou un ami qui dénigre votre ambition ou passe des commentaires négatifs.

Si vous pouvez faire abstraction de cela, ou si vous n'avez personne de ce genre dans vos connaissances, tentez une introspection pour retrouver vos passions. Tout le monde a quelque chose à y gagner. Lorsque vous libérerez ces trésors cachés, tout le monde en profitera.

Vous devriez avoir une piste de recherche, par exemple vous étiez bon et très passionné par le dessin à l'adolescence. Ou encore, la danse et l'activité physique vous faisaient vibrer. Souvenez-vous de ces instants intenses et retournez-y grâce au pendule.

Questionnez-le sur vos passions, puis demandez-lui comment les faire revenir dans votre vie. Devriez-vous en faire un passe-temps ? Ou vous lancer plus sérieusement en entrant dans un groupe ou une troupe ? Que devez-vous enlever pour faire une place à cette nouvelle activité ?

Le pendule pourra vous guider. Il pourra vous indiquer les personnes qui vous aideront et celles qui vous feront obstacle. Il pourra vous aider à trouver les meilleures dates pour vous lancer.

Si vous n'avez pas les moyens financiers de vous lancer dans votre passion, ne vous en faites pas, notre société propose des ressources qui peuvent vous soutenir et vous aider. Laissez le pendule vous montrer la route et suivez la flamme en vous, le reste viendra de lui-même.

Jour 48 : Défaire un blocage

Le pendule permet aussi d'aller explorer les facettes les plus sombres en nous. Au contraire des passions, il peut nous permettre d'aller retrouver une scène choquante ou un traumatisme oublié.

Utilisez la technique de l'enfant intérieur en premier lieu, puisque ce dernier pourra discuter avec vous des situations passées problématiques. Si le problème vous est inconnu et que vous désirez déterrer de vieux souvenirs oubliés, vous pouvez y aller plus directement et plus en profondeur.

Attention, cependant. Nous ne sommes pas tous prêts psychologiquement à faire face à ce genre de situation. Il est facile de dire : « Oui, oui, ça ne me dérange pas, peu importe ce qui ressortira, je suis capable d'en prendre. » Mais lorsque les choses se présentent, surtout si l'impact émotionnel est important, le scénario n'est plus le même.

Le pendule nous permet de travailler sur des craintes ou des peurs, autant que sur des phobies. Ayez un but précis et notez-le. Ne laissez pas votre inconscient diriger, sinon il vous conduira sur des chemins tortueux.

Il importe de comprendre aussi la différence entre une séance de divination, par exemple, et une séance d'introspection. Lorsqu'on sonde un trouble psychologique, il faut garder à l'esprit que peu importe les questions et leur forme, le pendule répondra toujours ce que nous avons en tête, et donc, en nous. Donc, si vous lui demandez par exemple : « Dans la situation passée X, est-ce que tout ce qui est arrivé était de ma faute ? » le pendule risque très fortement de vous répondre « oui », puisque vous vous sentez coupable. Il ne vous répond pas la vérité sur la chose, mais bien ce que vous en pensez. Si vous aviez posé cette question hors d'une séance de divination, vous auriez eu un « non » puisque vous n'êtes pas coupable du mal que les gens peuvent vous faire. Comparez le pendule à une séance d'hypnose qui vous fait revoir une scène dans son intégralité, incluant les images, les gens et même les émotions.

Pourquoi alors poser de telles questions au pendule, puisque nous devrions normalement connaître déjà les réponses ? Beaucoup d'émotions et de réflexions ont été gérées par notre subconscient et nous ne les contrôlons pas. De plus, certaines personnes excellent dans la manipulation et peuvent nous avoir fait croire des choses fausses. Par exemple, une projection de la culpabilité du manipulateur vers vous. Si vous savez consciemment que vous n'étiez pas coupable, mais que lors de l'introspection le pendule vous dit que vous ressentez ce sentiment, vous pourrez alors creuser dans cette direction et régler le problème à la source.

Jour 49 : Tester des programmations

Après avoir fait plusieurs séances d'introspection, vous aurez probablement découvert des choses intéressantes. Il est possible aussi que vous ayez trouvé des problèmes psychologiques et leur source. Par contre, vous avez peut-être déjà entrepris des démarches dans le passé concernant ceux-ci et vos essais ont échoué.

Une méthode pourra vous aider, très simplement, dans cette démarche de libération : les programmations. Ce sont des phrases positives et actives que l'on répète quotidiennement pendant 21 jours. Ainsi, si vous souhaitez vous débarrasser d'une mauvaise habitude – arrêter de fumer, par exemple –, vous prononcez une programmation pour cesser et lorsque les 21 jours sont écoulés, vous perdez votre envie de fumer. Vous n'aurez plus à vous battre contre vous pour vous convaincre d'arrêter, car votre subconscient, ainsi reprogrammé, travaillera sur votre conscient.

Les programmations ne servent pas seulement à augmenter la volonté, mais aussi à améliorer des traits de notre personnalité. Vous pouvez ainsi apprendre à vous contrôler si vous êtes colérique, à maîtriser vos émotions si vous êtes très sensible. Ou encore, vous pouvez faire disparaître des peurs ou ouvrir la communication entre vous et votre cœur, pour ainsi prendre de meilleures décisions dans votre vie, en pleine confiance.

Le cerveau se programme de lui-même par les expériences vécues, les gens rencontrés, les mœurs et autres informations, mais il y a aussi les situations stressantes et les traumatismes qui peuvent marquer très profondément notre cerveau.

On peut alors décider de suivre le courant, la programmation imposée par la société, ou encore choisir de programmer notre mode de penser et notre mode de vie. Notre cerveau est comme un ordinateur, alors pourquoi lui laisser des fonctions qui sont désagréables alors qu'on peut y programmer ce que l'on veut ?

Les programmations sont normalement très efficaces, mais elles doivent être adaptées à la situation vécue et surtout à soi. Afin de trouver la programmation totalement efficace, vous pouvez utiliser le pendule. Par exemple, pour arrêter de fumer, vous pourriez dire : « Dès maintenant, je n'ai plus envie de fumer » ou « Dès aujourd'hui, je ne fume plus, c'est terminé ». Vous devez construire la phrase au présent, en précisant qu'elle agit maintenant. Elle doit être positive et démontrer votre détermination.

Inutile de chercher dans des dizaines de livres sur le sujet, vous pouvez créer vos propres programmations, puis demander au pendule si elles conviennent. S'il hésite, vous pourrez changer des mots ou réadapter la phrase. Lorsqu'il répondra positivement, confirmez avec lui : « Cette programmation… » Prononcez ensuite ce que vous avez construit : « … aura-t-elle des résultats bénéfiques sur moi ? » S'il répond positivement, commencez cette programmation dès maintenant. Dites-la une fois par jour, le matin au réveil ou le soir au coucher, pendant 21 jours. C'est une méthode simple qui vaut la peine d'être essayée.

Jour 50 : Faire votre plan avant d'essayer

Certaines méthodes peuvent vous attirer plus que d'autres. Et puisqu'il faut avoir une idée très précise en tête avant de tenter quoi que ce soit avec le pendule dans ce domaine, je vous invite dès maintenant à tracer un plan de vos futures séances dans votre journal de bord.

Décrivez dans quelle ambiance vous aimeriez être et tentez de la reproduire. Notez les séances par étapes. Par exemple, pour la première séance, vous désirez tenter un premier contact avec votre enfant intérieur. Pour la seconde, discuter avec lui d'un aspect en particulier. Pour la suivante, parler de vos passions.

Il faut tracer un chemin bien précis, même s'il peut arriver des imprévus. C'est une façon de fixer notre esprit sur notre but et de ne pas le laisser divaguer. Votre conscient doit toujours contrôler la situation, même s'il discute avec votre subconscient. Puis, notez les questions dans l'ordre. Il pourra vous venir en tête des questions supplémentaires, mais vous avez une base de travail et c'est ce qui importe.

Bien sûr, vous pouvez visiter tous les aspects de vous-même par d'autres méthodes. Il n'en tient qu'à vous d'utiliser ces dernières de façon sage et réfléchie[1].

Préférez toujours des séances en douceur, allez-y doucement et surtout écoutez-vous et respectez-vous. Si vous sentez qu'il ne faut pas aller plus loin, arrêtez. Si vous vous sentez à l'aise, continuez. Écoutez ce que votre cœur vous dit, il n'y a pas meilleur conseiller.

1. Veuillez noter que l'auteur, de même que l'éditeur, se dégagent de toute responsabilité quant à l'usage qui sera fait du pendule.

Semaine 11 : Le pendule et la santé

Jour 51 : Le pouvoir du pendule et la santé

Seuls les plus expérimentés en radiesthésie auront des résultats vraiment efficaces et précis dans l'analyse des maladies. Néanmoins, un débutant pourra trouver des symptômes, avoir des réponses sur la durée, pourra demander si le médicament est le plus efficace possible.

Pour un malaise non identifié, le pendule aidera à trouver l'organe à guérir, à trouver les excès ou la carence en vitamine. Les radiesthésistes peuvent aussi déterminer le taux de vitalité d'une personne et donner des évaluations complètes. Si vous être débutant, considérez les réponses comme des possibilités seulement. Il est très difficile d'évaluer correctement les réponses du pendule au début, surtout si nos connaissances médicales sont limitées. On laisse normalement ce travail à des radiesthésistes renommés.

Le pendule pourra vous aider, certes ! Mais ne laissez pas tomber votre médecin pour autant ! Ne changez pas une prescription parce que votre pendule vous le dit ! Si les ondes sont mauvaises, si vous êtes dans un mauvais état d'esprit ou tout simplement trop subjectif, vous pourriez faire fausse route et subir davantage de dommages. Usez donc de sagesse et de prudence lorsque vous faites une évaluation médicale avec votre pendule[2].

Certaines analyses sont inoffensives et ne peuvent qu'aider. Par exemple, j'avais l'habitude de prendre de la vitamine C lorsque j'avais une grippe, mais je l'accompagnais toujours d'une vitamine E sans savoir pourquoi. N'étant pas certaine de cette posologie, j'ai demandé au pendule. Il m'a répondu par l'affirmative : je faisais un bon geste. Ne voyant aucun inconvénient à continuer cette méthode, j'ai pris ces vitamines sans me poser plus de questions.

Ce n'est que quelques mois plus tard que j'ai lu un article dans Internet qui parlait de la vitamine C et des produits qui favorisaient son absorption. On y notait que les vitamines C et E se complètent. Elles travaillent en équipe et plusieurs études en ont révélé les résultats. Le pendule m'avait déjà confirmé la chose.

Vous pourrez ainsi, sans perturber le régime ou la médication d'une personne, rechercher les remèdes utiles ou encore les vitamines ou autres suppléments qui pourraient réduire ses symptômes.

Pour tout ce qui est « sans danger », par exemple les suppléments, qui ne contrecarrent pas vos traitements actuels, il n'y a rien de mieux que les essais. Testez la suggestion du pendule. Pour un produit naturel, on attend normalement une semaine avant de voir les résultats. Notez les changements. Mais attention, certains produits naturels peuvent interférer avec vos médicaments ; demandez à un pharmacien si vous n'êtes pas sûr des effets secondaires possibles.

---

2. Veuillez noter que l'auteur, de même que l'éditeur, se dégagent de toute responsabilité quant à l'usage qui sera fait du pendule.

Jour 52 : Faire des analyses

Pour vous faciliter la tâche, faites des recherches approfondies et prenez des notes avant de vous lancer dans les analyses. Par exemple, si vous faites une recherche sur une carence en vitamine, notez toutes les vitamines existantes. Puis tous les minéraux et autres nutriments. Lorsque votre liste est complète, tracez des cadrans. Faites-en un pour chaque liste.

D'ailleurs, les cadrans vous seront très utiles ici puisqu'il y a plusieurs réponses possibles et qu'il peut être long de poser une question pour chacune d'elles. Vous noterez peut-être que le pendule tente d'aller vers plusieurs réponses de votre cadran. Il faut alors poser la question dans l'ordre : « Quelle serait la vitamine à prendre en premier lieu pour combler telle carence ou régler tel problème physique ? » Continuez avec la deuxième vitamine.

Il est possible que la personne ait besoin de plusieurs vitamines mais selon un ordre bien précis. Tracez ensuite un cadran contenant des quantités. Cependant, peu importe ce que le pendule dit, ne dépassez pas les quantités prescrites. Certaines vitamines peuvent causer des effets secondaires lorsqu'elles sont prises en trop grande quantité, et vous ne désirez pas empirer le problème actuel ou en créer un nouveau.

Vous pourriez aussi préparer des cadrans avec des techniques de santé alternatives. Par exemple, en notant : la naturopathie, l'acupuncture, le reiki, l'hypnose, la phytothérapie, les fleurs de bach, etc. Si vous souffrez d'un maux qui peut être soigné grâce à des techniques alternatives qui n'interfèrent pas avec votre traitement actuel, il vaut la peine de tenter le coup. Toutefois, ces traitements sont souvent coûteux. Grâce au pendule, vous vous évitez ainsi des frais inutiles en allant droit au but. Demandez-lui comment ce traitement agira sur vous en lui posant des questions précises.

Un cadran avec des allergènes peut être extrêmement utile. Les tests cliniques ne sont pas toujours concluants. Trouvez ainsi les produits, aliments, plantes ou autres qui pourraient vous donner des réactions allergiques.

Si vous êtes à l'aise avec le déplacement du pendule, remplacez les cadrans par une image du corps humain, afin de trouver la localisation des maux. On complétera ensuite par des questions simples. Puis avec des cadrans pour trouver les remèdes.

On peut aussi poser la question sur un médicament. Demander s'il est bon pour nous, combien en prendre, quand l'utiliser et en combinaison avec quoi, au besoin. Ou encore, on peut mettre ce remède dans un pendule Mermet et poser la question.

Jour 53 : Analyser les aliments

On raconte que notre système, notre corps, change de rythme tous les 7 ans (en astrologie et en numérologie entre autres). On dit ainsi que nos goûts pour la nourriture, nos besoins corporels et nos réactions à notre environnement changent aussi selon ce cycle. Vous avez sûrement remarqué qu'avec les années, cycle ou non, vous avez perdu du goût pour un aliment et en avez gagné pour un autre. Ou encore, vous êtes devenu intolérant à un produit, ce qui n'était pas le cas, ou l'inverse. Ainsi, comment savoir ce qui nous convient au moment présent ? En utilisant le pendule, bien sûr !

Vous pouvez, grâce à cet instrument, poser des questions sur chacun de vos aliments et confirmer s'ils vous conviennent encore ou non. Peut-être que le yogourt vous donne un surplus de sécrétions ou que le magnésium vous donne des maux de tête. Il est laborieux et très long de tester tous les aliments un par un. Vous pourrez donc économiser temps et énergie grâce au pendule, et par la même occasion améliorer votre santé.

Si vous avez déjà identifié un malaise par rapport à un aliment, choisissez-le. Prenons par exemple une pizza, qui contient plusieurs choses : des produits laitiers, de la viande, des légumes et du pain. Vous pourrez questionner votre pendule sur chacun des ingrédients séparément et trouver le coupable. Peut-être avez-vous simplement développé une intolérance au lactose. Si c'est le cas, vous pourrez enfin prendre le médicament qui convient, ou tout simplement modifier votre alimentation en conséquence.

Il est possible de faire la même chose en sens inverse. Nous aimons tous nous gâter et manger des choses qui sont meilleures au goût que pour notre santé. Ainsi, questionnez votre pendule sur le sac de croustilles ou sur les biscuits, lesquels sont le mieux absorbés par votre corps ? Peut-être que les croustilles seront mieux absorbées que des gâteries sucrées, même si elles sont très grasses, si le pendule perçoit un dérèglement possible à long terme du côté de votre pancréas.

La méthode est très simple. Placez le pendule au-dessus de l'aliment, puis demandez-lui si cet aliment est bon pour votre santé. Si vous en testez plusieurs à la fois, déposez-les tous sur une même surface et, en plaçant votre pendule au milieu de tous, demandez-lui lequel de ces aliments est le meilleur pour vous, et il vous guidera. De simples images peuvent aussi être efficaces, il n'est pas nécessaire d'avoir les vrais aliments sous la main.

Il est possible de faire la même chose avec les vitamines. Il n'est peut-être pas nécessaire de prendre des vitamines complètes si vous vous nourrissez bien tous les jours et que vous êtes jeune et en santé. Questionnez le pendule pour savoir de quel minéral ou vitamine vous avez vraiment besoin. Vous pourriez même faire des cadrans pour avoir une réponse précise.

Prenez tout de même garde de ne pas faire de diagnostic médical avec le pendule. Votre santé est importante. Si vous ressentez un malaise qui persiste, consultez immédiatement un médecin. Le pendule n'est pas là pour vous guérir de maladies comme le cancer, mais beaucoup plus pour vous soulager de maux légers et vous aider à conserver une bonne santé.

Jour 54 : Les différents corps

Bien que nous connaissions très bien notre corps physique et les maladies qui le touchent, il existe aussi d'autres corps, plus subtils, au niveau énergétique.

Selon les croyances, le nombre de corps subtils varie ; ici nous nous en tiendrons à cinq corps principaux, soit : les corps physique, éthérique, émotionnel, mental et spirituel. Nous savons que notre corps physique peut être touché par les maladies, mais aussi avoir des malaises, des handicaps. Par contre, ce qui est moins évident, c'est que nos autres corps peuvent aussi subir des maladies et des dérèglements.

Il est difficile de se rendre compte qu'un de nos autres corps est malade et il est encore plus difficile de poser un diagnostic pour le soigner, puisque ce sont des notions encore trop taboues ou trop abstraites pour la majorité des gens. Toutefois, il est simple de comprendre que notre corps émotionnel peut être blessé et donc devenir malade à la suite d'un événement traumatisant. Il est facile aussi de se rendre compte que notre corps éthérique n'est pas en santé si nous perdons notre énergie sans raison, ou que nous dégageons une mauvaise énergie et que nous attirons des personnes négatives.

Heureusement, le pendule peut venir éclaircir tout ça. Il nous informe sur les différents plans de notre être puisqu'il vibre directement avec ces derniers. Vous connaissiez peut-être déjà ces différents corps, sinon vous pourrez désormais questionner le pendule sur les problèmes de santé qui s'y rapportent.

Si vous avez des problèmes de foie, demandez-lui, en le questionnant sur chacun de vos corps, si cette maladie provient de votre corps mental ou émotionnel. Cela vous donnera une piste, car tout est interrelié. Quand un de nos corps ne va pas bien, il influence les autres. Tous les corps doivent être en harmonie et en santé et de façon égale. Un esprit sain dans un corps sain.

Vous pouvez soigner votre corps physique grâce à votre médecin, sinon par des remèdes naturels ou des soins et des traitements alternatifs (acupuncture, par exemple). Vous pourrez soigner votre corps émotionnel en lisant des ouvrages sur la psychologie et la croissance personnelle, ce qui aidera aussi votre mental. Le corps spirituel, lui, se soigne par la croyance et votre lien avec le divin. De la méditation, de la prière, un recueillement ou simplement le besoin de partager vos croyances avec d'autres peuvent être assez pour le guérir.

Quant au corps éthérique, on peut le guérir de plusieurs façons. Dans les prochains jours, nous parlerons des chakras, ces roues d'énergies connues par la plupart d'entre nous et qui nous offrent une méthode simple et efficace de guérison.

Jour 55 : Analyser votre alimentation

Puisque vous connaissez probablement déjà la plupart de vos « petits bobos », commencez par l'évaluation la plus sécuritaire, soit analyser vos aliments. Si vous avez une intolérance aux produits laitiers, inutile de regarder dans cette direction. Vous pourrez néanmoins demander quel aliment pourrait les remplacer. Commencez donc avec les connaissances que vous possédez déjà.

Vous pourrez noter vos résultats dans votre journal de bord. Questionnez le pendule, par exemple sur les produits de soja que vous consommez. Sont-ils bons pour vous ? En mangez-vous en trop grande quantité ? Ou pourriez-vous en manger encore plus ? Le soja est un bon exemple puisqu'il possède autant de vertu que de « défauts ». Il doit donc être évalué.

Les aliments varieront selon la personne. Nous n'avons pas tous le même système digestif et notre corps n'a pas exactement les mêmes besoins que celui des autres. Faites cette analyse seulement pour vous et conservez vos résultats pour vous aussi. Le pendule ne vous dit pas que tel aliment est bon pour tous, il vous répond. Toutefois, vous pouvez aussi analyser les aliments pour une autre personne en précisant bien son nom, qu'elle soit présente ou non. Vous constaterez sûrement plusieurs différences dans les régimes suggérés par le pendule.

Prenez les résultats notés et faites des recherches pour mieux en comprendre les raisons.

Semaine 12 : Les chakras et leur nettoyage

Jour 56 : Que sont les chakras ?

Il existe une méthode de guérison qui limite les dégâts et permet de soigner beaucoup de malaises. Vous pourrez ainsi établir des diagnostics plus précis, puisque les symptômes physiques sont associés à des symptômes mentaux, ces derniers étant normalement déjà connus de la personne à soigner. Cette méthode consiste à travailler sur les chakras.

Les chakras, mot provenant du sanscrit signifiant roue ou vortex, sont des centres d'énergie placés sur tout notre corps. En général, on parle de sept chakras principaux, mais en réalité il en existe des centaines. Ces roues d'énergies régissent la façon dont notre énergie circule dans notre corps. Ainsi, si les chakras sont tous bien équilibrés, notre corps et notre mental le sont aussi.

Chaque chakra est associé à une couleur, mais aussi à des tempéraments, à des façons de voir la vie et de réagir à notre environnement, et puisqu'ils sont placés sur le corps, ils sont aussi associés à certains organes. Un chakra de la gorge qui serait trop ouvert, par exemple, nous indiquerait une personne extravertie, qui ne maîtrise peut-être pas toujours ce qu'elle dit.

Au contraire, un chakra de la gorge fermé indiquerait une personne intravertie et timide. En découvrant un déséquilibre de ce genre avec le pendule, on peut ensuite faire des exercices qui permettent de rétablir et de rééquilibrer les choses.

Ainsi, la personne extravertie conserve ses paroles et donc son énergie, elle prend sa place, et non celle des autres, et va donc aussi se sentir plus à l'aise dans sa position. Tandis que la personne intravertie va enfin pouvoir s'exprimer sans ressentir de gêne et sans regretter de ne pas avoir énoncé son opinion sur des choses qui lui tenaient à cœur.

Plusieurs diront qu'il est dangereux de travailler sur les chakras lorsqu'on s'y connaît à peine. Or, cette méthode permet d'y aller en douceur et selon le rythme de la personne soignée. Il n'est pas nécessaire d'ouvrir complètement un chakra pour ensuite constater les effets.

Allez-y doucement et travaillez sur des chakras qui sont officiellement considérés comme déficients par la personne traitée. Si elle confirme sa gêne ou son esprit trop strict, commencez par travailler sur les chakras concernés. La personne est prête à les guérir, vous aurez donc plus de facilité et il n'y aura pas de répercussion, ou sinon elles seront moindres.

Il est clair que lorsqu'on fait un nettoyage, il peut y avoir un débalancement. Si on enlève du négatif, cela peut créer un vide. Il n'est donc pas seulement question de travailler sur les chakras, mais aussi de s'assurer que la personne a le même objectif que vous. Toute personne avec assez de logique, de patience et de sagesse pourra donc travailler efficacement sur les chakras grâce au pendule.

Jour 57 : Comment les soigner ?

Choisissez un endroit très calme où personne ne vous dérangera. Un endroit à l'atmosphère sereine, où vous pouvez ajouter une petite touche personnelle, quelques chandelles, un peu d'encens.

Invitez la personne à s'étendre sur un lit ou sur une surface confortable, sur le dos, et à se détendre. Une musique relaxante peut aider la personne à devenir plus réceptive à vos soins. Prenez le pendule dans vos mains, puis commencez avec le premier chakra, celui de la base. Vous passerez donc votre pendule au-dessus du chakra doucement et vous observerez le comportement du pendule. Ce dernier devrait se mettre à tourner.

Vous pouvez interpréter les réponses de cette façon :

Le pendule ne bouge pas. Le chakra est donc en bonne santé, il n'a aucun excès, aucune fermeture.

Le pendule se met à tourner dans le sens des aiguilles d'une montre, donc de façon positive, le chakra est ouvert. Si le pendule tourne un peu, il n'y a pas de quoi s'inquiéter, le chakra est en bonne santé et le pendule nous le signifie. Par contre, s'il se met à tourner rapidement ou en formant de grands cercles, cela indique que le chakra est trop ouvert.

À l'opposé, le pendule qui tourne dans le sens contraire des aiguilles d'une montre nous parle d'un chakra qui est un peu, beaucoup ou complètement fermé. Nous le déterminons aussi par ses mouvements, rapides ou très larges. Encore une fois, s'il ne tourne que légèrement dans le sens contraire des aiguilles d'une montre, prenez-en note, mais il n'y a pas de quoi s'inquiéter, puisqu'il est possible que la personne soit dans une mauvaise période de sa vie. Il peut aussi s'agir d'un trait de personnalité avec lequel la personne est tout à fait à l'aise ; par exemple, chez une personne réservée, la gêne ne sera pas perçue négativement.

Après avoir passé sur chacun des chakras et après avoir noté leur état de santé, vérifiez avec le tableau du Jour 58 si vos réponses représentent bien la personnalité ou le comportement de la personne à traiter. C'est généralement assez étonnant. Vous pourrez même en apprendre pas mal sur une personne avec cette méthode. Ensuite, il faut penser à un traitement. Les tableaux vous donnent la couleur associée au chakra, ainsi que les pierres semi-précieuses à utiliser.

On traite un chakra avec des pierres bien simplement. Il suffit de placer la pierre sur le chakra correspondant, pendant une dizaine de minutes tous les soirs ou matins pendant sept jours. La personne peut le faire elle-même à la maison, sans votre présence. Puis, refaites un bilan de santé des chakras avec le pendule.

Pour le chakra de la base, placez la pierre sur la surface où vous êtes étendu, entre les cuisses, près de l'entre-jambe.

Si vous n'avez pas les pierres nécessaires, utilisez la visualisation. Cette fois, vous devrez accompagner la personne, à moins d'exceller dans les traitements à distance. Cherchez la couleur du chakra que vous désirez traiter, dans le tableau. Tout comme pour les pierres, installez-vous confortablement.

Commencez par visualiser une lumière de couleur sur le chakra approprié. Cette lumière peut prendre la forme d'un cône placé sur le chakra, la pointe sur le corps, et la partie large du cône s'éloignant du corps. Ou encore, elle peut être une petite boule d'énergie vibrant sur la peau, ou bien un faisceau lumineux qui sort de la personne que vous soignez.

On dit que les chakras sont des roues, donc de forme sphérique, mais on doit tout de même se les représenter chacun à sa façon, afin que la visualisation soit plus facile et donc plus efficace. Utilisez donc les images qui vous viennent le plus facilement à l'esprit.

Voyez la lumière tourner doucement dans le sens des aiguilles d'une montre, ou l'inverse, selon le débalancement à rééquilibrer. Faites une séance de visualisation, tous les soirs ou matins, durant environ 10 à 15 minutes, pendant une semaine. Au bout de ce temps, refaites une évaluation des chakras avec le pendule.

Il est aussi possible de soigner nos propres chakras. Pour cela, il faudra simplement placer le pendule au-dessus de vos chakras. Si vous avez de la difficulté avec certains emplacements, tenez-vous debout et placez le pendule devant vous. Puisque le pendule ne sera plus au-dessus du chakra, vous devrez le nommer : « Pendule, indique-moi si mon chakra du cœur est ouvert », par exemple.

Ou encore, placez-vous devant un miroir. Cela vous permettra à la fois d'être bien placé et de ne pas bouger votre corps lorsque vous regardez les mouvements du pendule. Cela dit, vous pouvez aussi faire l'analyse ou le traitement bien assis.

Jours 58 et 59 : Présentation des chakras

Les pages suivantes sont consacrées à la présentation et à la description des chakras. Vous en apprendrez davantage sur les parties du corps dont ils sont responsables, sur ce qu'ils représentent et sur l'influence de leur ouverture ou fermeture dans notre vie. Vous connaîtrez aussi les couleurs et les pierres qui leur sont associées.

Nom	Sahasrara
Chakra	Chakra de la couronne, situé au sommet du crâne.
Parties du corps	Le cerveau, la peau, le squelette et les muscles.
Représente	L'inspiration divine et l'illumination, les grandes idées et ambitions, la connaissance et la sagesse, la conscience et la spiritualité.
Trop ouvert	A une spiritualité trop forte, prêt à croire tout et n'importe quoi. Peut devenir naïf, illuminé dans le mauvais sens du terme. N'a plus les pieds sur terre et vit dans l'illusion.
Fermé	Est fermé à tout ce qui est ésotérique ou spirituel, se tient loin de ces notions. A un esprit cartésien et est très sceptique face à tout ce qui n'est pas rationnel.
Couleur	Violet, mauve, blanc ou transparent.
Pierre	Toutes les pierres blanches, transparentes ou dans les teintes de violet, ou encore : améthyste, cristal de roche, diamant, fluorite (violette), or, perle, sugilite.

Nom	Ajna
Chakra	Chakra du troisième œil, situé entre les deux yeux, un peu plus haut que les sourcils.
Parties du corps	Le système nerveux, les yeux et oreilles, le nez.
Représente	L'intuition, la capacité de rêver autant la nuit qu'éveillé, la visualisation, la réflexion et la compréhension, la concentration et la méditation, la capacité de traduire les symboles et signes reçus de la vie.
Trop ouvert	A une grande tendance à rêver plutôt qu'à agir, car ne vit pas dans le concret. Peut perdre le contact avec la réalité en prenant ses rêveries pour des choses réelles. La paresse ou la procrastination peut être présente, car la personne fantasme au lieu d'agir.
Fermé	Peut avoir peur de se lancer, peur de parcourir des sentiers inconnus. Craint de prendre des risques, tente de ne faire aucun excès.
Couleur	Indigo.
Pierre	Toutes les pierres indigo ou : améthyste, azurite, citrine, lapis-lazuli, œil de tigre, saphir, tanzanite, topaze impériale, tourmaline.

Nom	Vishuddha
Chakra	Chakra de la gorge.
Parties du corps	La gorge, le cou, la bouche, la glande thyroïde, les dents.
Représente	L'expression de soi, la communication, la capacité de partager avec les autres et la capacité d'apprentissage. Le pouvoir de choisir et le pouvoir de la volonté.
Trop ouvert	A un grand talent pour la communication orale, mais l'utilise mal. Prend la place des autres, ne s'occupe pas de ses affaires et n'écoute pas les autres. Tente d'attirer l'attention sur lui, peut être égocentrique ou narcissique.
Fermé	Introversion, repli sur soi, indécision, gêne et timidité. L'anxiété peut aussi être présente par peur d'être jugé ou critiqué ; peur de s'exprimer librement.
Couleur	Bleu.
Pierre	Toutes les pierres bleues ou : aigue-marine, labradorite, lapis-lazuli, turquoise.

Nom	Anahata
Chakra	Chakra du cœur.
Parties du corps	Le cœur et le système circulatoire, les poumons, les bras et les mains.
Représente	La gentillesse et la compassion, la passion et l'amour, l'amitié et la sympathie, la confiance, l'acceptation et le courage.
Trop ouvert	Est dépendant affectif, a besoin d'avoir des gens autour en tout temps. Attachement émotionnel rapide et facilité à se laisser tomber dans des passions amoureuses intenses. Peut aussi être bonnasse et donner trop de soi sans voir que les gens en profitent.
Fermé	A tendance à s'isoler et à se replier sur lui dans le but de s'éloigner des émotions. Peut sembler froid ou même indifférent. La jalousie peut être présente aussi par peur de vivre une blessure émotionnelle.
Couleur	Vert.
Pierre	Toutes les pierres vertes ou : amazonite, aventurine, chrysolite, émeraude, fluorite verte, malachite, quartz rose.

Nom	Manipura
Chakra	Chakra solaire, situé entre le nombril et le bas de la cage thoracique.
Parties du corps	L'estomac, la rate, le foie et l'intestin grêle, les reins, le pancréas.
Représente	L'estime de soi et l'envie de se surpasser, la joie de vivre et la chaleur humaine, l'énergie et la vitalité, la maîtrise de soi et la force de caractère.
Trop ouvert	Ne tient pas en place, a trop d'énergie, n'arrive pas à se calmer et à rester zen. Ressent un besoin de se prouver et de s'assurer que les autres remarquent sa présence. Fait beaucoup d'excès.
Fermé	Manque d'énergie, est triste et fuyant. Ne veut pas combattre, souhaite plutôt capituler devant les problèmes, n'a pas d'enthousiasme.
Couleur	Jaune.
Pierre	Toutes les pierres jaunes ou : ambre, amétrine, citrine, fluorite jaune, pyrite, serpentine, topaze dorée et impériale.

Nom	Svadhisthana
Chakra	Chakra sacré, au niveau des organes génitaux.
Parties du corps	Les organes génitaux, le gros intestin, l'appendice et la vessie.
Représente	Capacité de donner et de recevoir, lien avec les autres, acceptation de nouvelles idées et tolérance, désirs et créations.
Trop ouvert	Est influençable, a besoin d'avoir beaucoup d'amis, la quantité comptant plus que la qualité. Il peut y avoir une tendance à la luxure.
Fermé	A peur de s'engager, n'aime pas les réunions familiales ou d'amis, préfère rester seul dans son coin.
Couleur	Orange.
Pierre	Toutes les pierres orange ou : agate feu, corail, cornaline, opale de feu, pierre de lune.

Nom	Muladhara
Chakra	Chakra de la base, situé au bas du torse, au centre. À l'opposé du chakra qui est au sommet du crâne.
Parties du corps	Le côlon et le rectum, les jambes, les pieds et les os, le système immunitaire.
Représente	La stabilité et la sécurité, le concret et le rationnel, la famille et l'héritage, le corps physique et le côté matériel, l'ordre et la structure.
Trop ouvert	Matérialiste, tente de tout contrôler, est égoïste.
Fermé	Est distrait, a peur de concrétiser des choses solides. Est insécure et très instable. N'a pas de lien avec le concret, ne ressent pas d'association avec un groupe (famille, ami, travail, autre). Semble avoir un décalage entre son corps et son esprit.
Couleur	Rouge.
Pierre	Toutes les pierres rouges ou : corail, grenat, hématite, jaspe rouge, onyx, rubis.

Après les traitements, si certains de vos chakras semblent en meilleure santé, poursuivez jusqu'à guérison complète. Ceux qui seront soignés n'auront plus besoin de traitement. Toutefois, avec le temps, les mois, ils peuvent se débalancer. Refaites une évaluation complète de vos chakras tous les six mois.

Si vos chakras se débalancent souvent, sans doute qu'une attitude ou un comportement doit être modifié, réajusté afin de conserver un équilibre de santé, autant physique que mental. Cette évaluation secondaire se fait aussi grâce aux tableaux.

Face à tout signe de malaise, cessez le traitement ou adoucissez-le ; en choisissant des pierres plus petites, par exemple. Sinon, tentez de traiter le malaise physiquement ou mentalement avant de poursuivre avec le pendule.

Jour 60 : Faites une auto-évaluation

Nous avons simplement fait connaissance avec les chakras. Il n'est pas nécessaire de vous traiter, mais je vous invite tout de même à faire une évaluation. Une analyse faite pour le plaisir nous permet de confirmer les traits de notre personnalité. Nous comprenons encore mieux pourquoi nous sommes si enjoué ou si entêté. Nos centres d'énergie nous parlent et il est intéressant de les écouter.

Si vous souhaitez pousser l'analyse, visez les traits de personnalité négatifs que vous souhaitez traiter par des méthodes psychologiques ou grâce aux pierres et aux visualisations. Notez que si vous ne possédez pas les pierres requises, vous pouvez utiliser un cristal de roche, donc un quartz transparent. Cette pierre est neutre et ne cherchera pas à transformer votre énergie.

Le quartz transparent est un amplificateur et un canalisateur d'énergie, il viendra donc activer votre chakra ou lui donner un peu plus de vitalité, selon le besoin. C'est un excellent instrument d'équilibre. Toutefois, pour tout traitement, si vous ne vous sentez pas à l'aise, cessez la séance, ou faites-la moins longtemps et moins profondément. Certains chakras requièrent plus de douceur et des changements étalés sur de plus longues périodes. Je vous invite à noter vos analyses dans votre journal de bord.

Semaine 13 : Communiquer avec l'au-delà

Jour 61 : Le pendule et l'au-delà

Un simple poids, suspendu au bout d'une chaîne, propulsé par des questions, des idées et les émotions d'une personne peut dire tant de choses, révéler tant de mystères. Nous l'avons vu, les pouvoirs du pendule sont variés. Mais nous ne sommes pas encore rendus au bout de la route.

Qu'est-ce qui permet vraiment au pendule de bouger et de répondre ? Certaines personnes croient qu'il s'agit d'entités qui réussissent à passer par notre corps pour contrôler le pendule ou qui le font bouger en agissant directement sur lui, au niveau même des énergies.

Que cela soit vrai ou non, une méthode permet de pratiquer le spiritisme. Autrement dit, nous pouvons communiquer avec les défunts et autres esprits autour de nous.

Utilisez cependant un pendule différent, car la méthode demande à l'entité de contrôler le pendule, tandis que les hypothèses sur le questionnement du pendule parlent plutôt des courants énergétiques qui régissent de façon physique notre univers. Ce sont donc deux méthodes bien différentes.

Pratiquer le spiritisme grâce au pendule, c'est aussi se garder de la plupart des dangers liés à cette pratique. Bien sûr, il en reste quelques-uns, mais la méthode est plus simple et facile que le recours à un médium. Pour communiquer avec l'au-delà, il faut parfois aussi un entraînement psychique très prononcé, qui s'étale souvent sur des années. Le pendule vient donc ouvrir une porte accessible à tous. Cependant, même s'il reste une barrière entre nous et l'au-delà, il ne faut pas oublier que les risques sont présents. Prenez des précautions, restez prudents et sages.

Pensez avant tout à quel type d'entités vous aimeriez parler et ce avant d'avoir le pendule dans les mains. Votre esprit doit être clair et précis. Vous désirez parler à telle entité et c'est tout. Vous ne penserez même pas aux entités qui ne vous intéressent pas, seulement à celle que vous visez.

Vous pensez peut-être déjà à contacter un être cher ou encore votre ange gardien. C'est un excellent choix. Mais d'abord, apprenons à nous protéger.

Jour 62 : Les différents types d'entités

Il existe plusieurs sortes d'entités qui vivent dans l'astral ; toutes ne sont pas agréables. C'est un peu comme dans notre vie, nous apprenons rapidement que certaines personnes ne sont pas fréquentables, alors que d'autres nous sont bénéfiques. Même s'il peut être tentant, pour les plus curieux d'entre nous, de discuter avec des entités négatives, ces dernières sont très rarement honnêtes et nous perdons à coup sûr notre temps avec elles. Et il est aussi très dangereux de discuter avec elles.

Le pendule crée une limite entre nous et notre interlocuteur, mais il reste un pont entre deux mondes. Un pont qui peut être franchi si vous tombez dans le piège. Les histoires de possession par les esprits sont plutôt rares, puisque leur façon de faire est beaucoup plus subtile.

Une personne qui discutera couramment avec une entité négative pourrait ressentir avec le temps du découragement, être plus morose, critique et porter des jugements sévères sur les gens. Ce ne sont pas des choses évidentes, et parfois on pourra prendre cela pour une dépression (quoique, avec le temps, cela peut aussi en devenir une). Il importe de choisir une entité positive avant même de tenter une séance.

Cela pourrait être une personne décédée, positive dans sa vie et que vous ressentez toujours comme telle. On pourrait penser à notre ange, selon la kabbale. Ou encore, avec une vision plus ésotérique, à un ange gardien ou un guide astral, qui sont relativement le même type d'entité. Des entités veillent sur chacun de nous, peu importe leur essence. Ce sont des êtres qui tentent de nous faire signe tout au long de notre vie.

Si vous croyez que de petites entités, telles que des elfes, des élémentaux ou autres sont dans votre maison ou près de chez vous, tentez une communication avec eux, ce sont des êtres merveilleux qui apportent une vision positive et différente sur la vie.

Même si vous appelez une entité positive, assurez-vous d'être dans un état mental calme et le plus serein possible. Si vous êtes en colère ou avez envie de pleurer, abstenez-vous. Oui, c'est probablement le moment où vous avez le plus besoin de cette communication, mais c'est aussi le moment parfait pour que des entités de types « larves astrales » se collent à vous.

Tout rituel de magie qui sert à vous protéger, toute croyance qui vous met à l'abri, ainsi qu'un état mental stable et une pensée positive seront les bienvenus avant toute séance de spiritisme avec le pendule.

Les larves astrales proviennent du bas astral (donc de bas niveau, elles sont normalement négatives et nuisibles), et tentent de s'accrocher à vous. Ce ne sont pas nécessairement des vampires psychiques qui vont dévorer votre énergie, mais plutôt des sortes de parasites qui souillent votre aura et votre vie.

Les larves peuvent même être perçues comme de l'énergie négative émanant de vous. Vous êtes une bonne personne qui dégage du bon, mais soudain, les gens vous perçoivent négativement. C'est un des nombreux effets secondaires de ces créatures. Bien sûr, elles ne sont pas les plus intelligentes et l'on peut s'en débarrasser avec des rituels et des purifications, ainsi que par la prière et autres rites positifs. Tout de même, il est préférable de prévenir que de guérir. Ajoutons que les larves peuvent aussi être des créatures nées de pensées négatives constantes ; c'est aussi pour cette raison qu'il faut avoir l'esprit libre et clair avant d'entreprendre quoi que ce soit d'ésotérique.

Jour 63 : Communiquer avec un être cher

La première chose qui vous est probablement venue à l'esprit est : « Peut-on communiquer avec une personne décédée ? » Cela est tout à fait possible, en effet. De préférence, il faudra faire une séance avec le pendule dans les jours suivant le décès de la personne concernée. Sinon, dans les semaines qui suivent, mais il est plus rare de recevoir une réponse claire dans les années qui suivent. Souvenez-vous que n'importe quel esprit peut prendre le contrôle du pendule et répondre à la place de la personne. Plus le lien physique avec la personne sera fort, plus vous aurez de chances de vous adresser à la personne concernée.

Installez-vous dans une ambiance qui vous rappelle l'être cher. Sinon, une photo de la personne fera l'affaire. Faites brûler une chandelle blanche, et prenez le temps de faire la prière de votre choix et selon vos croyances pour cette personne.

Adressez-vous à la personne par le nom que vous lui donniez le plus souvent, son prénom, un surnom, un titre. Demandez-lui si elle est présente. Si vous obtenez une réponse positive, vous pouvez poursuivre en lui demandant si elle veut bien communiquer avec vous. Si elle ne veut pas, n'insistez pas, ce sont ses dernières volontés, il faut les respecter. Si elle répond de façon positive à nouveau, alors vous pouvez poursuivre. Posez-lui les questions qui vous tiennent le plus à cœur, si elle va bien, etc. Lorsque vous aurez terminé, telle une vraie conversation, prenez le temps de lui dire au revoir.

Si votre esprit n'était pas assez concentré sur sa cible, c'est-à-dire la rencontre avec l'être cher, vous pouvez évoquer une autre entité, inconnue, qui n'est peut-être pas positive pour vous et qui peut vous induire en erreur. Ainsi, au moindre doute, au moindre sentiment de crainte, de malaise, arrêtez. Dites-lui au revoir et concluez la séance en le disant au pendule. Par exemple : « Cette séance est maintenant terminée. »

Ne recommencez pas à plusieurs reprises, le pendule n'est pas un téléphone, voyez-le plutôt comme une dernière chance de déclarer vos sentiments, de demander pardon, de dire ce qui n'a pas été dit, c'est un dernier au revoir. Puis, à la fin, laissez la chandelle se consumer complètement, elle sera une sorte d'offrande, un dernier cadeau, une dernière pensée pour cet être que vous aimez tant.

Il se peut que cet être cher devienne une sorte d'ange gardien personnel. Parfois, des enfants perdus ou des amis d'enfance qui sont partis nous protègent et veillent sur nous, c'est une méthode très efficace pour leur parler. Ceux qui cultivent la télépathie, l'empathie ou simplement leur énergie pourront établir un contact plus direct, car en travaillant avec le pendule on développe aussi ses capacités psychiques.

Jour 64 : Suggestions d'entités à contacter

D'autres entités veulent notre bien et veillent sur nous. Selon les croyances, nous parlerons des anges, qui proviennent de la kabbale, ou encore des guides, issus de croyances ésotériques variées. Ces derniers restent des gardiens, qui font partie de l'au-delà, qui veillent sur nous et qui souhaitent nous guider vers la meilleure voie possible.

On me dit souvent que je suis chanceuse de pouvoir entendre mes guides et de pouvoir suivre leurs conseils. Or, tous peuvent ainsi communiquer avec leur propre gardien astral, car le pendule nous offre cette occasion.

La séance commence normalement, dans le calme, le silence, mais surtout dans la concentration sur votre but. Vous désirez fortement parler à votre gardien et vous devez penser à lui. À lui, ou bien à elle, car l'identité sexuelle n'existe pas dans l'astral. Votre gardien vous ressemble d'ailleurs beaucoup.

Nos gardiens ont aussi des caractères et comportements semblables aux nôtres, sans les défauts et imperfections. Ainsi, si vous êtes du genre humoristique, votre gardien le sera aussi. Il vous comprend parfaitement, donc il contient aussi des parties de vous en lui.

Pensez donc à cet être qui veille sur vous depuis votre enfance et concentrez-vous sur l'envie de communiquer avec lui. Normalement, le pendule devrait commencer à bouger de lui-même lorsqu'il est tout près. Confirmez alors que la bonne entité est présente : « Êtes-vous mon ange ? » « Êtes-vous mon guide ? »

Des questions simples, sans ambiguïté. Si la réponse est positive, c'est un bon signe pour poursuivre. Par contre, si vous sentez un quelconque malaise, dites au revoir à l'entité et arrêtez la séance.

Je le répète, si votre esprit n'était pas assez concentré sur sa cible, c'est-à-dire la rencontre avec votre gardien, vous pouvez évoquer une autre entité, inconnue, qui n'est peut-être pas positive et qui peut vous induire en erreur. Ainsi, au moindre doute, au moindre sentiment de crainte, de malaise, arrêtez. Dites-lui au revoir et concluez la séance en le disant au pendule. Par exemple : « Cette séance est maintenant terminée. »

Si tout se passe bien, alors faites comme lors d'une conversation normale, faites connaissance en posant diverses questions sur plusieurs sujets. Avec le temps, vous vous connaîtrez mieux et votre gardien pourra vous conseiller. Une décision difficile à prendre ? Il pourra vous aider à peser les pour et les contre, puis à prendre la meilleure décision. Il sait voir là où nous sommes aveugles, il connaît aussi les conséquences de nos gestes, surtout leurs répercussions sur notre avenir lointain, alors c'est un excellent conseiller !

Jour 65 : Réflexion sur le contact

Établissez une liste des questions à poser et des entités à qui vous les poserez. Choisissez des entités positives et posez des questions positives. Le pendule capte les ondes qui vibrent tout autour de nous, et nos mots et nos pensées créent ces ondes. Si vous ne posez que des questions négatives, vous ouvrez la porte aux énergies négatives.

Si vous désirez parler à une personne décédée, tentez de lui dire toutes les bonnes choses que vous n'aviez pu lui dire lorsqu'elle était en vie. Pour les mauvaises choses, je me plais à croire que vous pourrez lui offrir votre pardon. Ainsi, tout reste positif.

Si vous désirez parler avec votre guide, posez-lui des questions sur vos problèmes, mais toujours dans le but de trouver des solutions, donc des réponses positives. Notez toutes questions et sujets dans votre journal de bord pour en garder une trace concrète et suivez ces notes comme un guide de contact.

Ouvrir les portes entre notre monde et l'au-delà n'est pas à faire sans raison. Évaluez donc aussi votre besoin et ne le faites pas sans cesse. Contentez-vous des moments où vous avez réellement besoin d'exprimer quelque chose. Ou encore, des moments où vous avez vraiment besoin de soutien.

Semaine 14 : Le pendule et les cristaux

Jour 66 : Trouver les bons cristaux

Les cristaux purifient et rééquilibrent les chakras. Toutefois, ils ont d'autres fonctions. Grâce au pendule, il est possible d'analyser les pierres semi-précieuses, comme l'améthyste, le quartz, l'œil-de-tigre, l'ambre, et la plupart des variétés, afin de trouver la pierre qui nous convient le mieux.

Avec le temps, un cristal se développe et grossit. Imaginons un instant que les cristaux, réceptacles d'énergie, ont accumulé des connaissances énergétiques à travers les années. Ils sont ainsi tous chargés différemment selon les époques traversées. Certains étaient dans des caves, des endroits souterrains très éloignés de nous. Mais si la baguette de radiesthésie peut percevoir des sources d'eau souterraines et les mouvements de la terre, les cristaux peuvent en faire autant une fois à la surface de la terre.

Pour comprendre les cristaux, il faut leur parler. Cela semble étrange au premier abord, mais ces pierres ont des choses à nous apprendre et des notions à partager.

Vous pourrez, grâce au pendule, questionner les pierres sur leur domaine de prédilection. Si l'améthyste est reconnue pour être protectrice, vous pouvez l'interroger sur les façons de protéger votre maison.

Prenez simplement le pendule et placez-le au-dessus de la pierre. Posez votre question. Vous capterez directement les ondes et énergies dégagées par cette pierre et elle vous répondra. Si vous avez plusieurs cristaux, demandez-leur à tour de rôle lequel serait le plus apte pour guérir tel chakra ou telle maladie ou pour vous redonner plus d'inspiration ou même de courage. À l'aide du pendule, vous pourrez leur demander comment vous devez vous en servir pour obtenir les meilleurs résultats.

Les cristaux peuvent aussi vous aider à charger magiquement votre pendule. Utilisez dans ce cas un pendule dédié à cette utilisation. Vous pourrez ainsi charger votre pendule et vous servir de cette énergie pour vos questions. Ou encore le charger d'une énergie que vous distribuerez ensuite dans l'objet de votre choix.

Jour 67 : Le pouvoir de la spirale

La symbolique des formes est très intéressante et sert en magie, surtout pour créer des talismans. Bien sûr, ces formes peuvent aussi être utilisées dans d'autres domaines. Le pendule trace presque toujours des cercles qui représentent la canalisation des énergies et sa protection. On pourra voir cela ainsi ; le pendule capte la réponse, il la capture et la concentre en un seul point pour nous la présenter. Bien sûr, il est plutôt normal qu'un pendule trace des ronds, personne ne s'en étonnera.

Cette fois, puisque nous cherchons à obtenir un résultat précis, nous utiliserons une autre méthode : la technique de la spirale.

Celle-ci nous sert à charger le pendule d'une énergie spécifique, puis à la décharger vers notre but. Tentons d'abord de comprendre la symbolique même de la spirale.

Les anciens Égyptiens l'utilisaient, ainsi que les anciens peuples de l'Europe. On peut retrouver des dessins de spirales sur de vieux monuments et dans des grottes. La mythologie grecque faisait référence à la spirale. Le sens du tracé de celle-ci apporte une symbolique différente. Lorsque la spirale est dessinée en commençant au centre et que son tracé s'élargit en grandissant vers l'extérieur, on l'associe à la déesse Athéna (voir figure 1), tandis que lorsque son tracé débute à l'extérieur pour terminer au centre, on l'associe au dieu Poséidon (voir figure 2).

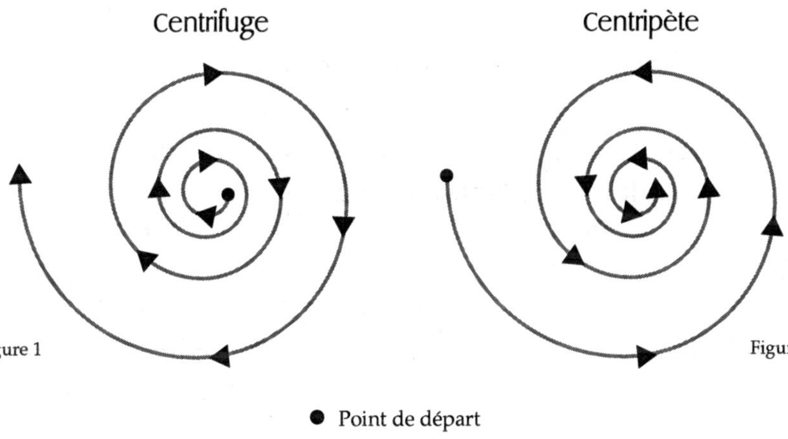

Figure 1

Figure 2

Dans le premier cas, la spirale centrifuge nous parle d'évolution. On la compare à la théorie du big bang, quelque chose de tout petit qui a éclaté pour devenir grand et qui continue encore de prendre de l'expansion. Elle symbolise donc le mouvement perpétuel de la vie et de tout ce qui la compose. La spirale porte en elle une grande symbolique spirituelle d'ascension et d'accomplissement de soi. Elle nous parle d'horizons plus grands vers lesquels nous diriger.

Au contraire, la spirale centripète est souvent, mais pas toujours, associée à une énergie négative. Certains la considèrent plutôt comme le fait de se replier sur soi pour mieux se comprendre, reprendre des forces, retourner aux sources.

On retrouve ce symbole partout dans la nature : les cyclones, les tourbillons de l'eau, les coquillages, les tiges des fleurs qui savent former des spirales. Même chez les astronomes, qui ont pu constater que les deux tiers des galaxies ont cette forme. Nous utilisons donc cette forme avec le pendule afin de l'ouvrir ou de le fermer, selon le besoin.

Jour 68 : Charger des objets en énergie

On utilise la technique de la spirale de deux façons.

La première consiste à charger le pendule avec une source d'énergie, ici le quartz rose qui s'autopurifie et fait circuler les énergies. Demandez à la pierre si elle veut vous accorder son aide. Normalement, elle répondra oui, sinon il faut l'aider à se purifier ou à se réénergiser, elle est peut-être affaiblie. Passez ensuite le pendule au-dessus de la pierre et faites-le tourner par vous-même afin de créer une spirale dans le sens des aiguilles d'une montre.

Le pendule prendra un peu de la force du cristal, puis de plus en plus. Lorsque le pendule diminuera ses cercles, la spirale se refermera pour conserver l'énergie à l'intérieur du pendule. Vous pouvez maintenant lui poser des questions sur des aspects un peu plus négatifs de votre vie ou de celle des autres. Vous pouvez l'interroger dans un endroit où l'énergie négative est plus dense. Le pendule ainsi chargé d'une énergie autopurifiante vous répondra correctement malgré les énergies stagnantes ou négatives.

Vous pouvez charger le pendule avec les énergies et les pouvoirs de votre choix. Si vous désirez poser des questions sur votre avenir, chargez préalablement votre pendule avec les énergies d'une pierre qui favorise la voyance. N'ayez crainte, la pierre ne fait que partager son énergie et surtout elle codifie celle du pendule. Votre pierre ne sera pas vidée de son essence, elle restera intacte. Il faudra simplement la laisser se reposer un peu, tout comme il faut dormir après avoir « donné », après une journée de travail, par exemple.

La deuxième méthode consiste à charger le pendule de l'énergie d'un objet, pour ensuite la décharger dans un autre. Prenons un œil-de-tigre, pour son côté protecteur et fonceur. Vous faites le tracé d'une spirale positive au-dessus de la pierre pour charger le pendule. Placez ensuite le pendule au-dessus d'un collier, par exemple, et faites-le tourner par vous-même dans le sens contraire des aiguilles d'une montre. L'énergie descendra ainsi dans l'objet au lieu de monter. Lorsque vous porterez votre collier, il sera chargé de protection et de courage.

Il est possible de procéder ainsi sur presque n'importe quel objet de la maison. Bien sûr, on évitera de le faire sur les appareils électriques, qui dégagent eux-mêmes des ondes et qui pourraient fausser la charge donnée.

Jour 69 : Énergiser le pendule par la pyramide

Si vous n'avez aucune pierre semi-précieuse à la maison ou n'aimez pas travailler avec ces dernières, il existe une méthode extrêmement simple pour charger votre pendule. Les pyramides d'Égypte, ainsi que plusieurs autres dans le monde, ne sont pas que des énigmes pour l'architecture ; elles sont aussi de grands symboles mystiques et ont grandement inspiré les chercheurs en ésotérisme.

En effet, ces derniers ont étudié les pyramides autant à l'intérieur qu'à l'extérieur. Les études les plus intéressantes parlent d'une source d'énergie active au sommet de la pyramide. Grâce à sa forme, les énergies s'accumuleraient au centre, plus précisément là où est la chambre du roi, mais en plus, elles s'accumuleraient le long des parois pour se concentrer au sommet, sur la pointe même. Un chercheur a utilisé un appareil pouvant mesurer les courants et l'électricité. Il a enregistré des chiffres étonnants.

La pyramide est énergisante et ce fait peut facilement être confirmé par le pendule. Si vous possédez une pyramide, placez le pendule simplement au-dessus de la pointe et vous le verrez tourner dans le sens des aiguilles d'une montre ou encore vibrer, ce qui vous permettra de charger le pendule en énergie sans rituel complexe ni matériel autre que la pyramide. La technique est aussi très simple et ne demandera qu'un peu de visualisation.

Placez votre pendule au sommet de la pyramide et attendez quelques minutes. Pour déterminer si le pendule est chargé ou non, fiez-vous à votre ressenti. Il s'agit d'une énergie neutre et équilibrée. Si vous désirez obtenir les mêmes résultats qu'avec les pierres, vous devrez utiliser la visualisation.

Soyez dans un état positif qui représente bien les énergies que vous désirez faire entrer dans le pendule. Puis, lorsque vous placerez le pendule au sommet de la pyramide, dites : « Je charge le pendule d'énergie protectrice », par exemple.

Visualisez la pyramide qui se remplit de l'énergie que vous avez choisie. Lorsque vous la visualiserez bien, voyez-la ensuite qui se dirige vers le haut de la pyramide et qui en sort avec le courant déjà en place. Voyez le pendule qui reçoit cette énergie et qui vibre différemment dès cet instant.

Vous pouvez aussi décharger le pendule dans un objet suivant cette méthode, ou vous pouvez vous servir de cette énergie en magie, pour vos questions ou toute autre utilisation.

Jour 70 : Évaluer des objets magiques dans la maison

Que vous pratiquiez la magie ou que vous possédiez des objets ayant une profonde valeur sentimentale, essayez de tester leur énergie. Prenez le pendule et placez-le au-dessus d'objets que vous croyez fortement chargés en énergie, positive ou négative. Demandez directement au pendule de vous indiquer si cette énergie est bonne ou mauvaise. N'oubliez pas qu'il utilisera votre réponse symbolisant le « oui » pour la réponse positive et vice versa.

Les objets sont bien plus « vivants » que vous ne le croyez et les notions de Feng Shui prennent alors tout leur sens. Le Feng Shui nous indique comment placer les objets dans la maison, mais surtout à quel point il faut se débarrasser des vieux objets et surtout de ceux qui nous rappellent de mauvais souvenirs. Si vous aviez un doute sur un objet, par exemple un cadeau offert par une personne souvent mal intentionnée, faites le test avec le pendule et voyez si l'énergie est positive.

N'hésitez pas à prendre des notes sur vos essais dans votre journal de bord et surtout débarrassez-vous des objets qui dégagent de mauvaises énergies. Normalement, vous les connaissez déjà tous, mais quand une autre personne (cette fois, le pendule) vient confirmer votre pensée, vous y croirez encore plus. Profitez-en donc pour faire un agréable ménage énergétique.

Semaine 15 : La magie par le pendule

Jour 71 : Analyser et soigner l'aura

Cette semaine, nous verrons des utilisations du pendule associées à des techniques réservées à la culture de l'énergie et à la magie. Nous commencerons avec une technique très simple, celle de la guérison de l'aura. Nous avons vu déjà comment analyser les maux de nos chakras et comment les soigner. Cette fois, nous examinerons notre aura et nous la soignerons.

L'aura est une sorte de couche d'énergie qui nous entoure et qui contient tous nos corps subtils. La partie la plus visible est le corps éthérique. Il peut arriver qu'un mal extérieur ou intérieur crée des trous dans notre aura. Ces trous sont des portes ouvertes entre nous et le monde extérieur. Nous pouvons les voir comme des plaies sur notre peau, elles symbolisent le malaise, quelque chose qui ne va pas.

Il faut être à l'aise avec le déplacement du pendule. Pour trouver les trous de l'aura, il faudra déplacer le pendule au-dessus de la personne et se laisser guider par lui. Demandez au pendule de trouver les maux de l'aura. Lorsqu'il s'arrêtera, il tournera négativement et plus ou moins fort selon la gravité. Utilisez une illustration du corps humain pour faire des dessins et conserver en mémoire les endroits à traiter. Il se peut que la personne n'en ait qu'un seul, comme elle peut en avoir des dizaines.

Les trous de l'aura se soignent avec les pierres, avec la visualisation d'une lumière blanche et pure à l'endroit qui en a besoin. On peut aussi utiliser toute technique ésotérique positive, que ce soit le magnétisme, le reiki, des rituels ou le pendule. Chargez votre pendule sur une pierre servant à la guérison et déchargez-le à chaque endroit malade. Ou simplement chargez-le grâce à une pyramide pour énergiser l'endroit vide afin qu'il puisse guérir de lui-même.

Il faudra peut-être répéter le traitement une ou deux semaines plus tard. Si vous faites une nouvelle analyse, notez si certains endroits sont guéris. Vous pourrez alors travailler uniquement sur les points à traiter. Si ces endroits sont encore mal en point après plusieurs semaines, même quelques mois, il faudra voir avec la personne concernée d'où vient la source de cette défaillance.

La source du problème peut être une personne qui, tant qu'elle ne s'éloignera pas, empêchera le malade de guérir. Une telle situation échappe à l'emprise du pendule… à moins d'envoyer de bonnes énergies sur le malade et la personne qui lui pose problème, afin de les harmoniser ou de rééquilibrer la personne nuisible.

Vous devrez peut-être purifier votre pendule entre les séances puisqu'il aura travaillé sur un mal. Lavez-vous les mains après les séances pour évacuer les énergies qui ont touché vos doigts.

Jour 72 : Guérir une personne avec une photo

On peut traiter une personne à distance. Pour ce faire, munissez-vous d'une photo de la personne concernée et, si possible, d'un objet lui appartenant afin de créer un lien plus fort. Si vous avez un pendule Mermet, placez cet objet à l'intérieur.

Tentez d'avoir une photo qui montre la personne de la tête aux pieds, afin de permettre au pendule d'y trouver l'endroit malade. Sinon, vous devrez poser des questions précises et variées. Vous pouvez aussi utiliser la photo et un ensemble de cadrans pour vous faciliter la tache. La photo vous guidera et servira de lien, tandis que les cadrans préciseront vos questions.

Vous pouvez aussi envoyer de l'énergie positive à la personne en chargeant votre pendule avec une pierre déterminée, puis en déchargeant cette énergie sur la photo. Nous l'avons vu, il est possible d'envoyer du bon aussi sur une personne nocive, ce qui l'apaisera. Son comportement s'améliorera et elle sera de plus en plus en harmonie avec les autres, et donc avec la personne que l'on traite.

Une personne foncièrement négative et qui veut le rester ne pourra pas recevoir cette énergie et y réagira mal. Heureusement, elle ne pourra pas supporter cette force longtemps, et normalement elle quittera la personne traitée peu de temps après nos envois d'énergie.

Vous pouvez aussi spécifier vos charges énergétiques et envoyer une énergie de concentration et de bonne mémoire à une personne qui doit passer un examen. Ou encore envoyer des énergies d'inspiration et de joie à une personne déprimée. La pyramide servira autant pour rendre une personne plus active, plus en forme, en meilleure santé, que pour l'aider à se dépasser ou à se rééquilibrer.

Si vous constatez un quelconque changement négatif, par exemple une aggravation du mal ou de la négativité, cessez les traitements. Les énergies négatives luttent parfois pour conserver leur place et elles deviennent encore plus destructrices. C'est bon signe, car cela signifie que votre action positive crée un changement, mais si vous ne pouvez combattre ces énergies négatives avec les bonnes armes, il vaut mieux cesser. Attendez que le malaise diminue et reprenez les traitements plus doucement, le mal aura été évacué en partie et la personne sera plus facile à traiter désormais.

Si vous soignez une personne sous l'emprise d'une personne possessive, par exemple, vous n'arriverez pas à modifier les énergies présentes. Réévaluez la situation et trouvez la véritable cible à soigner. Lorsque l'obstacle sera retiré, vous pourrez recommencer les traitements.

Jour 73 : Le pendule dans un rituel commun

Les adeptes de la magie utilisent un rituel très commun, celui de la création d'un cercle magique de protection. Ce dernier invoque les pouvoirs des quatre éléments, et parfois même de quelques entités ou dieux bénéfiques.

Dans un rituel, le pendule peut servir à deux choses. Premièrement, il sert de conseiller sur les mots à prononcer, les gestes à faire et même les objets à placer sur notre autel ou les opérations à effectuer. Vous pouvez avoir trouvé des rituels dans les livres, mais avoir un doute sur une formulation ou un ingrédient. N'hésitez pas à consulter votre pendule à ce sujet et même à suivre ses suggestions.

Interrogez-le sur l'énergie de votre dague, afin de savoir si elle est utilisable positivement, ou s'il est préférable de la purifier avant. Demandez-lui si l'encens est adapté à votre but. Ou encore pourquoi un de vos instruments semble vide de ses énergies.

Vous pouvez aussi communiquer avec les dieux que vous priez à travers votre pendule. Si vous avez une demande particulière, demandez des détails et discutez avec eux. Parfois, nous faisons des gestes sans savoir si c'est ce que les dieux veulent. Par exemple, au niveau des offrandes. Cette fois, vous pouvez vous entendre avec eux directement.

Le pendule peut bien sûr vous aider à charger vos instruments en énergie, mais il peut aussi vous aider à vous charger en énergie magique. Si, par exemple, lors de l'ouverture du cercle, vous placez votre pendule au-dessus de chaque élément que vous invoquez : au-dessus de l'encens, au-dessus de la flamme de la bougie, au-dessus du bol d'eau, puis au-dessus de ce qui représente l'élément terre, et que vous lui faites faire une spirale, il sera chargé de l'énergie des quatre éléments.

Placez ensuite le pendule au-dessus de votre main droite (ou celle qui absorbe l'énergie) pour absorber cette force et donner encore plus de pouvoir à votre rituel. Pour remercier les éléments, refaites une spirale en sens inverse afin de leur remettre les énergies non utilisées pendant le rituel. Il ne faut pas laisser les énergies se dissiper sans but ni raison. Par respect pour elles, il est préférable de les rendre à leur source.

Vous pourrez aussi tester vos symboles magiques et surtout vos talismans si vous les créez vous-même. Votre pendule vous dira ainsi si un pentacle vous conduira à votre but plus facilement qu'un autre sceau.

Peu importe le rituel, le pendule est là pour enlever vos doutes. Si vous commencez en magie, mais maîtrisez bien le pendule, nul besoin de connaître toutes les propriétés magiques par cœur, laissez-vous plutôt guider par le pendule, qui sait réagir à vos énergies et à celles qui vous accompagnent. Il n'y a pas meilleur guide.

Jour 74 : L'alphabet pour des réponses précises

Vous avez envie d'obtenir des réponses précises, comme des phrases complètes ? Les méthodes suivantes vous intéresseront sûrement. Toutefois, vous devez laisser avancer le pendule.

Commençons par une méthode toute simple. Prenez un grand carton blanc et utilisez un marqueur pour y inscrire les lettres de l'alphabet. Les lettres doivent être claires, bien tracées et bien distancées. Si vous croyez en avoir besoin, tracez aussi les chiffres de 0 à 9. Sinon, vous pourriez aussi utiliser les lettres du jeu de Scrabble ou de tout autre jeu contenant les lettres de l'alphabet, si vous doutez de vos talents de dessinateur.

Posez vos questions, que ce soit des questions générales, sur l'avenir, sur vous ou pour une autre personne, mais cette fois, laissez-vous guider par le pendule. Si cela est possible, demandez à une personne de noter sur un papier les lettres désignées.

On ne pose pas des questions à des entités de cette façon qui ressemble à celle du jeu du Ouija. Lors d'une séance de Ouija, les entités mêlent leurs énergies à la vôtre pour créer des micro-mouvements qui feront bouger votre bras dans la bonne direction.

Si vous les laissez faire, les plus ambitieux pourraient tenter d'aller plus loin et d'entrer dans votre main. On ressent alors, comme lorsqu'on fait une séance d'écriture automatique spirite, des picotements dans la main. Si on ne sait pas ce qui nous arrive et qu'on se laisse faire, les entités peuvent monter vers le coude, puis vers le haut du bras. La finale ne sera pas une scène extravagante et surprenante comme dans *L'exorcisme*. Au contraire, ce genre de possession passe facilement pour de la schizophrénie ou un autre trouble psychique.

Si vous vous contentez de poser des questions générales, vous questionnerez toujours les énergies et les ondes ambiantes, ainsi le terrain reste neutre et vous obtiendrez des réponses positives et très précises, car vous aurez des phrases complètes. Ainsi, compte tenu de vos capacités, vous atteindrez les mêmes résultats positifs, mais à travers des techniques différentes. Allez-y donc selon votre intuition, vos envies et vos capacités pour choisir les techniques qui vous conviennent.

Jour 75 : Tenter un premier contact à distance

Une notion que nous n'avons pas encore abordée et qui est pourtant primordiale : avant de faire quoi que ce soit sur une personne, vous devez d'abord lui demander la permission. Si elle accepte, vous pouvez y aller. Si elle refuse, il faut respecter son choix. Si vous tentez le coup malgré son refus, les énergies entreront en conflit avec les siennes et elles peuvent devenir négatives car combatives. À long terme, elles peuvent rendre la personne encore plus malade ou se retourner directement contre vous. Respectez les gens que vous aidez. Cela semble une évidence, mais dans les faits ça l'est moins.

Si la personne est éloignée et que vous n'avez aucun moyen de lui poser la question, il faudra demander à son âme. Utilisez le pendule pour entrer en contact avec elle. Dites au pendule que vous désirez entre en contact avec « telle personne », puis demandez-lui si le lien est fait. Êtes-vous en communication avec elle présentement ? Si oui, demandez à parler à son âme. Si le pendule répond par l'affirmative, demandez à son âme si elle désire être guérie. Respectez la réponse.

Toute personne trace sa propre destinée ; si elle a choisi une mauvaise route, il s'agit de sa destinée et ce n'est pas à vous de briser ce choix. Vous pouvez néanmoins lui envoyer de l'énergie positive et de la lumière à travers le pendule, sans agir précisément et selon votre volonté. De cette façon, vous la soutenez, mais ce sont les énergies envoyées et la personne qui décident.

Semaine 16 : Notions énergétiques

Jour 76 : Les micro-mouvements et l'influence mentale

Cette semaine, nous verrons des notions « avancées » ou pour les « expérimentés ». Puisque le pendule ne nécessite aucun don, mais seulement de la pratique, ces informations sont bonnes pour tous ceux que le sujet intéresse. Pour mieux comprendre comment fonctionne le pendule, nous verrons brièvement en quoi consiste la télékinésie, qui est la science qui permet de déplacer des objets à distance grâce à la force de l'esprit.

Puisque je ne parle que des techniques ésotériques que j'ai pratiquées, je ne pourrais vous expliquer en détail le fonctionnement de la télékinésie, mais tenons pour acquis qu'elle est le pouvoir de faire bouger des objets sans les toucher. Ce qui peut ressembler grandement au phénomène qui se produit avec le pendule. Mais le pendule réagit plutôt aux ondes et aux énergies environnantes, selon nos pensées et notre volonté. Grâce à lui, réceptacle de ces ondes, nous nous mettons à vibrer et c'est ainsi que notre main crée des micro-mouvements qui entraînent l'oscillation du pendule.

J'ai fait ce test pour mieux comprendre la différence. J'ai fait bouger le pendule dans la main d'une amie selon ma volonté. C'était pourtant elle qui le tenait. On pourrait penser que c'est de la télékinésie, ce n'est pas le cas. Je l'ai confirmé en accrochant le pendule à un meuble, puis au rebord d'une table, et jamais il n'a fait le moindre mouvement. Je ne peux faire de télékinésie, mais je sais influencer les ondes et énergies qui permettent de vibrer avec le pendule.

Si, grâce à ma volonté, je peux modifier les ondes et créer des micro-mouvements précis chez une autre personne, il est facile d'imaginer le pouvoir de ma volonté et la puissance de mon esprit sur les choses et surtout sur les gens. Plusieurs d'entre nous croient au pouvoir de la pensée positive et ils ont raison. Si de simples pensées peuvent créer des micro-mouvements chez une autre personne, imaginez l'impact de pensées *positives* sur elle !

C'est pour cela qu'il faut répéter des phrases positives souvent et tous les jours, cela permet d'augmenter notre impact sur les choses. Chaque souhait, chaque vœu peuvent eux aussi faire réagir votre environnement ; ils vibrent d'ailleurs très fort.

Malheureusement, nous avons aussi souvent des peurs qui bloquent l'impact de nos ondes positives. En faisant un ménage en soi, on devient plus réceptif et on projette beaucoup mieux l'énergie.

On comprend mieux aussi comment les coïncidences peuvent se produire et pourquoi on vibre sur les mêmes ondes qu'une personne ou pourquoi on dit qu'on va « lui envoyer de bonnes ondes ». Le pendule nous apporte une réponse de plus sur le fonctionnement complexe et à la fois si simple de l'univers.

Jour 77 : Les failles énergétiques

Nous sommes entourés d'énergies diverses et d'ondes, et aussi d'autres choses que la science n'a pas encore détectées ni même expliquées. Nous savons aussi que ces énergies et ces ondes ne sont pas toutes positives.

Certains endroits vibrent négativement ou positivement de façon naturelle ou artificielle. Comparons cela avec les méridiens du corps utilisés pour l'acupuncture. Ce sont des lignes d'énergie, des sortes de chemins servant à la circulation de l'énergie dans le corps. Si l'on place une aiguille, aussi mince soit-elle, cela influence ces méridiens et fait réagir notre corps et nous permet de guérir.

Les failles énergétiques sont comme ces méridiens, mais ce sont la plupart du temps des courants énergétiques brisés. Par contre, on peut aussi trouver des failles énergétiques qui sont de véritables puits d'énergie négative. Ces endroits existent naturellement, ou encore ils ont été créés. On pense notamment à un lieu où il y a eu des crimes innommables, des drames ou encore simplement un endroit où des personnes négatives ont habité.

D'autres lieux ont simplement été souillés par des gens qui ont pratiqué la magie noire ou toute autre technique utilisant les énergies négativement. Les pensées négatives puissantes et répétées peuvent aussi polluer un lieu avec le temps. Si vous sentez que vous manquez d'énergie depuis votre emménagement dans votre nouvelle maison ou logement, tentez de voir si vous avez une faille énergétique chez vous et de trouver sa source.

Utilisez la technique de la recherche. Demandez au pendule de vous dire s'il y a une faille énergétique. Si oui, demandez-lui l'endroit exact. Une faille peut être aussi petite qu'une main et aussi grosse qu'une pièce, ou même qu'une maison entière. S'il affirme qu'il y a une faille, demandez-lui la source. Cause naturelle ? Donc mauvais emplacement de la maison. Cause humaine ? Trop de querelle. Cause magique ? Mauvaise utilisation des énergies.

Lorsque vous saurez, il faudra purifier l'endroit. Procédez comme pour un chakra ou une personne. Utilisez des pierres, des visualisations, même des prières si elles vous inspirent. Tout comme pour l'aura, il faut boucher les « trous ». L'énergie négative agit souvent comme un trou noir, elle absorbe tout ce qui est autour, le mal comme le bien et crée un vide. Cela crée de la fatigue, des déprimes et des querelles entre les membres de la famille. Donc, cela nourrit la faille et lui permet de continuer à exister.

Il faut donc la neutraliser le plus tôt possible avec un maximum d'énergie positive. Oui, il est possible de refermer une faille énergétique, il faut simplement être tenace et faire des traitements énergétiques quotidiens.

Jour 78 : Les temples énergétiques

Heureusement, au contraire des failles énergétiques, il existe aussi les temples énergétiques. Ce sont des endroits, un peu comme Stonehenge ou les pyramides, qui dégagent des énergies positives, sans jamais s'épuiser. La source de cette énergie semble sans fin. Vous pouvez aussi avoir des temples énergétiques chez vous et profiter de cette source inépuisable. Faites comme pour les failles, demandez à votre pendule où elle se trouve.

Lorsque vous l'aurez trouvée, pratiquez tout ce qui est ésotérique près de cette source. Faites-y vos méditations, vos rituels, adressez vos questions au pendule dans cet endroit. Vous aurez à tout coup des réponses plus claires et plus justes. Le pendule, puisant dans une source pure, ne sera perturbé par rien.

Nous avons vu que les failles peuvent être naturelles ou encore artificielles, donc causées par des humains. C'est la même chose pour les temples. D'ailleurs, les personnes qui ont un autel ou un lieu spirituel pour se recueillir créent parfois, sans même le savoir, un temple énergétique.

À force de méditer, donc de calmer et d'ouvrir votre esprit à l'univers, à force d'invoquer le pouvoir des anges et des entités positives, à force de projeter des énergies positives pour aider des gens en détresse, vos propagez des énergies positives qui s'accumulent au même endroit. C'est de cette façon que l'on crée, doucement mais sûrement, un temple énergétique.

Si vous croyez qu'il en existe un chez vous, ou que vous en avez créé un avec votre pratique, n'hésitez pas à le confirmer avec votre pendule. Si c'est le cas, demandez-lui alors toutes les choses que vous pourriez faire pour augmenter la puissance de cet endroit. Il vous dira peut-être de retirer une décoration quelconque qui n'est pas en harmonie avec le reste. Sinon, il pourrait vous conseiller d'y ajouter une plante ou d'y inviter vos animaux pour une présence rassurante et vivante.

Les temples créés par les humains peuvent être souillés, alors attention que personne n'y pénètre tant qu'il n'est pas stable. La stabilité du temple, donc son lien à une source de positif continue, se confirme à l'aide du pendule.

Pour toute personne négative qui sera passée dans votre temple, faites une purification accompagnée de visualisation ou de prière. Cela est aussi simple que de faire le ménage, alors pensez-y. Un coup de balai physique et un coup de balai psychique après le départ des visiteurs. Grâce à un temple, vous pourrez augmenter votre énergie positive et ainsi tous vos résultats en ésotérisme.

Jour 79 : Savoir protéger sa maison

Il existe plusieurs façons de se protéger contre les énergies négatives et les failles énergétiques possibles ou en devenir, notamment un rituel très simple et facile à réaliser. Si vous sentez des énergies négatives autour de vous, quand vous vous entraînez, ou encore depuis que vous avez commencé à le faire, purifiez la pièce dont vous vous servez le plus souvent pour effectuer vos essais avec le pendule.

Ce rituel emploie le sel de mer, qui reste toujours un excellent outil de purification et de protection. Jetez-en dans les coins de la pièce, dans le sens des aiguilles d'une montre. Visualisez qu'à chaque ajout de sel, une lumière blanche se forme sur l'angle du mur, qui monte du sol au plafond. Visualisez que le mur se recouvre d'une lumière blanche qui se répand à mesure que vous avancez vers le coin suivant. Lorsque vous aurez terminé, votre visualisation devrait contenir quatre murs illuminés d'une lumière blanche, qui se touchent tous.

Ne restera qu'à faire une courte méditation et visualisation pour étendre cette vision au plancher et au plafond pour compléter le tout. Ainsi, les visiteurs ne se rendent compte de rien. Utilisez du sel de table si vous n'avez pas de sel de mer, ne vous retenez pas de vous protéger parce qu'il vous manque un élément précis. La force de votre esprit et vos énergies compléteront très bien le travail.

Prenez le temps de bien décorer l'endroit avec des objets ou des images qui représentent des choses positives pour vous, que ce soit des gens, des endroits ou encore des symboles de magie. Vous démontrez ainsi votre but de faire de cet endroit un lieu pur par votre énergie et celle du sel, ainsi qu'en ajoutant des objets physiques qui représentent ce but.

Nous l'oublions parfois, mais la prière est aussi un instrument très puissant. Et cela, peu importe le dieu ou la déesse que vous priez. Ils savent répondre à nos demandes et peuvent nous aider à purifier et à protéger des endroits. Si vous avez nettoyé votre maison d'une faille énergétique, profitez-en pour demander à votre ou vos dieux de faire entrer leur énergie pour vous protéger, vous et votre famille.

Les anges, les élémentaux, les fées sont tous des entités que l'on peut évoquer aussi. Sans utiliser le sel, vous pouvez aussi charger votre pendule d'énergie positive et la décharger dans des points stratégiques de la maison, par exemple devant la porte d'entrée et sur le rebord des fenêtres pour empêcher le négatif d'entrer chez vous.

Soyez ferme, énoncez clairement que vous refusez, avec un grand R, toute énergie négative, peu importe sa source, d'entrer ou de rester dans votre demeure. Dites-lui clairement de sortir. Puis, tournez immédiatement vos pensées vers des êtres ou des sources d'énergies positives et restez fixé sur ces dernières. Ayez confiance et la foi, vous aurez alors une protection infaillible.

Jour 80 : Vérifier dans votre maison

Je vous invite dès maintenant à évaluer votre demeure et à agir immédiatement pour remédier aux problèmes potentiels.

Commencez par déterminer la personne négative chez vous, s'il y a lieu. Le pendule vous conduira vers la chambre de cette personne. Si cette personne dégage beaucoup d'énergie, elle peut être considérée comme une « faille énergétique » elle-même. Rayez donc ces endroits souillés de votre liste de résultats donnés par le pendule.

Si vous trouvez des points faibles dans votre demeure, agissez tout de suite. Faites le ménage, videz l'endroit de tout objet négatif, donc de tout souvenir qui empêche les bonnes énergies de s'installer. Puis, ajoutez des objets positifs qui attirent les bonnes énergies. Usez ensuite des méthodes ésotériques de votre choix, que ce soit de la magie, des visualisations ou votre pendule lui-même, pour corriger le problème le plus rapidement possible.

Il est possible que votre maison soit neutre ou positive. Demandez protection et déchargez de l'énergie positive grâce à votre pendule dans chaque pièce afin d'intensifier cet état bénéfique. Notez dans votre journal de bord vos essais et impressions à la suite de votre évaluation des lieux. Puis, si besoin est, préparez un plan d'action, autant pour nettoyer que pour augmenter les forces positives déjà présentes.

Semaine 17 : Communiquer grâce au pendule

Jour 81 : Parler aux plantes

Le pendule, nous l'avons vu, est un excellent outil de communication. Il permet de communiquer avec l'au-delà, mais il permet aussi de communiquer avec les énergies ambiantes.

Vous avez peut-être des plantes à la maison. Certains parlent probablement avec elles, de façon toute naturelle, ou encore parce que des études ont révélé que cela permettait d'avoir des plantes en meilleure santé. Il est vrai que la nature réagit grandement aux humains et à leur environnement. Dans les mêmes conditions, elle pourra dépérir chez une personne et rester en bonne santé et être florissante chez une autre.

Nous n'avons malheureusement pas tous le pouce vert, mais nous pouvons tout de même prendre soin de la nature et des plantes.

Vous pouvez demander aux plantes si elles aiment l'endroit où elles sont. Vous pouvez les questionner sur ce que vous leur donnez. Trop ou pas assez d'eau ? Moins d'eau mais plus souvent, ou encore plus d'eau mais plus rarement ? Ont-elles besoin d'un peu de vitamines ? Plus de froid ou de chaleur ? Aiment-elles la compagnie des autres plantes qui sont à proximité ? Certaines d'entre elles peuvent ne pas être à l'aise, c'est une question qu'on ne peut leur poser en temps normal. Cette fois, nous pouvons tout confirmer et réagir en conséquence.

Les amoureux de la nature pourront aussi profiter de bien plus que des conseils d'entretien. Si vous avez la chance d'aller en nature, apportez votre pendule. Choisissez un arbre ou quelque chose dans la nature qui vous inspire. Prenez votre pendule et, en état de sérénité, tentez de prendre contact avec l'arbre. Ces « créatures » vivent depuis très longtemps et en ont très long à raconter sur la vie et sur le genre humain. Ils peuvent vous donner de précieux conseils sur votre vie et votre façon de la percevoir.

Tout élément naturel et vivant pourra vous en raconter long et vous enseigner quelque chose grâce au pendule. Il vous suffit d'avoir un amour profond pour la nature et de bien ouvrir votre esprit. Ces êtres peuvent même vous enseigner des notions ésotériques si vous passez du temps avec eux. Lorsque vous méditerez ou passerez du temps en leur compagnie, vous aurez probablement une nouvelle inspiration, des réponses à vos questions qui s'installent dans votre tête. Ce sera votre base de référence pour construire des questions avec le pendule.

Laissez-vous inspirer les questions à poser au pendule. Laissez les idées traverser votre esprit, puis posez les questions ainsi nées. Si vous ne pouvez aller en nature, tentez la même chose avec vos plantes : l'une d'elles pourrait vous surprendre.

Jour 82 : Parler aux animaux

Les animaux aussi sont des créatures intelligentes avec qui on ne peut communiquer directement. Le pendule vous ouvre une voie vers eux. Vous pouvez les interroger sur les soins que vous leur prodiguez. Préféraient-ils la nourriture que vous leur donniez avant ou la nouvelle ? Sont-ils à l'aise pour dormir ? Ont-ils froid lorsque vous partez, ou trop chaud si c'est l'été ? S'apprécient-ils les uns les autres ? Aiment-ils certaines personnes qui viennent vous visiter ou les ont-ils en horreur ?

Ces questions vous aideront probablement à mieux comprendre certains de leurs comportements. S'ils réagissent étrangement devant certaines personnes, vous pourrez en découvrir la raison. S'ils ne sont pas bien pour dormir, vous pourriez peut-être leur faire un petit coin juste à eux où se reposer. Et si cette idée semble leur plaire, alors de quel genre pourrait-il être ?

La communication ne sera pas aussi claire qu'avec un enfant, par exemple. Ils ne peuvent pas décrire des choses qu'ils ne connaissent pas. Mais ils peuvent dire s'ils préfèrent quelque chose par terre ou perché dans les airs. Ils peuvent dire s'ils aiment plus le tapis rude que les tissus soyeux. Les animaux malades pourront aussi vous dire ce qui ne va pas à travers le pendule. Certaines maladies ne sont pas si apparentes ou nous rendent confus puisqu'un symptôme peut signifier plusieurs choses. On peut se rendre compte que quelque chose ne va pas, mais quoi ?

Vous pourrez ainsi aider votre vétérinaire à poser un diagnostic. Ou vous pourrez simplement changer la nourriture de vos bêtes si vous réalisez qu'ils ont toujours des maux de ventre après avoir mangé. Les animaux nous comprennent mieux qu'on le pense, ne soyez pas surpris si leurs réponses vous semblent un peu trop précises pour un cerveau si petit. Lorsque nous sommes tristes, il n'est pas rare de voir notre animal venir à nos côtés, pour se coucher près de nous ou nous observer. Il sait que quelque chose ne va pas.

Lorsque nous sommes malades, ils sont aussi plus calmes, plus affectueux, comme s'ils savaient que nous avions besoin de calme et de réconfort. Bien sûr, ce scénario sera moins vu dans des familles nombreuses, puisque les autres membres en bonne santé garderont l'animal actif.

Profitez-en pour tout savoir sur votre animal, posez-lui toutes sortes de questions. Plus vous vous comprendrez, plus la relation sera intéressante entre vous.

Dites à votre pendule que vous désirez vous adresser à « nom de votre animal » et tenez-vous devant lui. Si le pendule répond positivement, continuez. L'animal doit être dans la pièce simplement, mais la technique avec photo fait aussi l'affaire.

Notez d'ailleurs que toutes les méthodes utilisées pour la guérison avec le pendule s'appliquent parfaitement aux animaux. Vous pourrez alors tenter l'expérience lorsque votre animal dormira afin de ne pas fausser les résultats par ses déplacements.

Jour 83 : Parler à une personne dans le besoin

Comme nous l'avons vu dans les notions sur le travail avec le pendule sur une photo, demandez à la personne la permission d'agir sur elle. Ainsi, si vous connaissez une personne qui est dans le besoin, prenez d'abord le temps de vous connecter à elle grâce au pendule. Demandez à son âme si elle veut communiquer avec vous. Poursuivez en lui demandant la permission de l'aider. Si elle vous répond par l'affirmative, continuez. Si une réponse négative survient, peu importe laquelle, respectez cette réponse et cessez la séance.

Si tout se passe bien, vous pourrez entrer en contact avec le subconscient d'une personne et son moi profond. Par exemple, si une personne de votre entourage semble sombrer, si elle ne vous donne plus de nouvelles, ni à vous ni à ses autres amis, vous pouvez prendre contact de cette façon. La personne est peut-être dépressive et ne sait plus comment s'en sortir. Peut-être qu'elle a des difficultés dont elle ne peut ou ne veut pas parler pour le moment.

Vous pourrez agir ou non pour aider cette personne. Si intervenir peut la mettre en danger, offrez simplement votre soutien et vos bonnes pensées à son âme, et ce, jusqu'au plus profond d'elle-même. Si votre intervention n'est pas dangereuse, mais plutôt bénéfique, vous pourrez utiliser la technique de la photo avec le pendule pour énergiser la personne ou la charger avec l'énergie positive dont elle a besoin.

Vous pourrez donc la questionner à distance sur ses difficultés, lui demander ce qui ne va pas. Vous avez probablement déjà une idée des problèmes en cause, alors commencez par là. Questionnez-la sur les sources du problème et demandez-lui comment tout ça est arrivé. « Ta "tristesse" est-elle causée par telle personne ou par telle situation ? » Ou encore mieux, demandez-lui pourquoi elle s'éloigne autant et ne veut pas discuter avec vous de vive voix. Le pendule sera l'intermédiaire qui éclairera enfin ce malentendu et vous cesserez probablement de lui en vouloir pour cet éloignement. Sans doute qu'elle ne veut mêler personne à ses problèmes, de peur d'avoir l'air trop négative et donc repoussante, ou de peur d'amener tout le monde avec elle. Surtout, laissez-vous inspirer par les questions.

Rassurez-la sur vos intentions et faites-lui part de toutes vos bonnes pensées. Si vous sentez que c'est un bon choix, invitez-la à vous contacter directement, par téléphone ou en personne. N'insistez pas. Laissez la personne vivre ce qu'elle doit vivre et restez prêt à l'accueillir au besoin et dites-le-lui. Si elle n'a pas besoin ou ne veut pas de votre aide, vous pouvez tenter le coup à nouveau dans quelques semaines, certaines choses se seront probablement tassées.

Peu importe ce qui arrive, cette personne fait ses choix et vous ne pouvez le faire à sa place. Restez simplement disponible et ouvert.

Jour 84 : Contacter le passé, nos ancêtres

Plusieurs rêvent du passé et de temps meilleurs. Nous avons un peu cette vision chevaleresque des temps anciens. Mais lorsque nous écoutons les récits des historiens, il n'en est rien. Le passé n'était pas plus heureux que nos temps modernes, il n'était pas plus paisible non plus. Toutefois, ce que les gens ont oublié, ce sont les enseignements des anciens. Au lieu d'écouter les récits des aînés et d'apprendre des erreurs qui ont été commises, ils les répètent.

Le pendule nous permet de revenir dans le passé, non pas pour revivre les événements, mais plutôt pour écouter les enseignements des gens de cette époque, pour les entendre nous dire comment ils vivaient.

Leur vision peut élargir la nôtre et leur sagesse peut nous donner un regard neuf sur notre vie. Nous constatons ainsi l'évolution de notre société et des mœurs par rapport au passé. Si nous comprenons le chemin que nous avons parcouru, nous pouvons enfin entrevoir un avenir meilleur. En regardant en arrière, parfois on se dit que finalement, nous avons fait beaucoup plus de chemin qu'il n'y paraît. Cela nous redonne courage et espoir en un « aujourd'hui » qui n'est pas aussi lumineux qu'on le voudrait.

Grâce au pendule, vous pourrez interroger autant votre arrière-grand-mère ou grand-père décédé, que les générations avant eux. Et pourquoi pas revenir des centaines d'années avant encore et écouter ces gens qui aimeraient eux aussi pouvoir changer les choses ? Il a été dit plus tôt qu'il est important de contacter une personne décédée le plus rapidement possible après sa mort, puisque celle-ci peut choisir de se réincarner. Un contact rapide permettra de vous adresser à elle, telle qu'elle était de son vivant. Lorsqu'on attend trop longtemps après le décès, nous nous adressons à l'essence de la personne et non à l'entité elle-même. Le contact est donc tout à fait différent avec un proche qu'avec un ancêtre. Concentrez-vous toujours sur le fait de contacter des personnes positives qui visent l'évolution. Tout ce qui stagne et reste sur place ne peut mener nulle part, et nous avons encore moins besoin de conseils de personnes qui ont terriblement souffert et n'ont que ces douleurs à partager.

Visez les anciens, ceux qui vivaient en harmonie avec la terre, qui jouaient et dansaient pour célébrer les cycles de la vie. Vous pouvez commencer en contactant les anciens de votre pays, les Amérindiens et autres indigènes en Amérique. Ou même les Celtes en Europe. Chaque région a eu des gens de grande valeur qui avaient compris la vie, avec un grand V, ainsi que toutes les énergies existantes et mises en jeu. Les anciens de Mu et de l'Atlantide en ont probablement long à partager avec nous.

Nous avons beaucoup à apprendre du passé pour mieux aller vers l'avenir. Tentez ce contact seulement si vous êtes prêt. Ne le faites pas à la légère, rendez les anciens fiers de qui vous êtes et offrez-leur un cœur ouvert et un esprit prêt à grandir.

Jour 85 : Notez vos idées de contact

Nous avons vu des notions qui vous rappellent probablement de vieilles idées. Vous vous souvenez peut-être d'avoir déjà pensé aux choses que vous auriez aimé dire à vos plantes ou à vos animaux. Des choses que vous auriez aimé demander à vos ancêtres. Eh bien, cette fois, je vous invite à retourner dans le passé et à chercher dans votre tête toutes ces questions et toutes ces conversations.

Je vous invite à les noter dans votre journal de bord. Laissez-vous aller, vous pouvez désormais communiquer librement. Nous venons de faire disparaître des limites que vous aviez en tête depuis très longtemps, les questions ne ressortiront peut-être pas toutes rapidement pour cette raison, mais notez-les au fur et à mesure.

Il est possible que le contact soit un peu difficile au début. Tout dépend de votre lien avec ces êtres. Si vous êtes près de vos animaux, le lien est probablement très fort et la conversation ira d'elle-même.

Si vous parlez avec une personne distante, vous aurez probablement plus de difficulté à dialoguer. Cela est tout à fait normal. N'insistez pas trop, préférez plutôt refaire de courtes séances tous les jours afin de créer progressivement et en douceur le lien entre vous.

Semaine 18 : Le pendule et les quatre éléments

Jour 86 : Augmenter sa force par le feu

Cette semaine nous verrons comment travailler avec les éléments. Nous pouvons charger le pendule avec des énergies positives extérieures. Toutefois, il est possible de plutôt laisser l'énergie traverser ce dernier pour venir jusqu'à nous.

Tous connaissent le feu. Nous avons tous allumé une chandelle un jour et nous nous sommes tous assis un soir devant un feu de camp. L'élément feu représente la passion, « il brûle de désir », il doit consumer quelque chose pour vivre. Il vit donc d'émotion et d'énergie. Car il dégage de la chaleur, et donc de l'énergie.

Le feu est aussi symbole de courage et de force. Il fonce, il va droit devant et traverse les obstacles. Il a un tempérament spontané et imprévisible. Il nous parle aussi de vigueur et d'un esprit fonceur. Si vous avez besoin de ces aspects dans votre vie, mais surtout en vous, vous pouvez faire appel à l'énergie du feu. La méthode est simple. Allumez une bougie, puis placez votre pendule tout près de la flamme. Ne vous placez pas trop près, bien sûr, pour ne pas vous brûler.

Demandez au pendule s'il souhaite vous aider à transférer l'énergie de l'élément feu en vous. S'il répond positivement, vous pourrez poursuivre. S'il répond négativement, il est possible que cela ne soit pas une bonne chose pour vous. Cela peut aussi vouloir dire que vous avez peut-être besoin de la force d'un autre élément.

Prononcez une phrase comme : « Pendule, permets-moi de communiquer avec l'élément du feu afin que je lui demande son aide. » Faites une pause et sentez le contact qui s'établit.

Poursuivez : « Élément du feu, je te demande ton aide, je souhaite être infusé de ton énergie. Donne-moi ta force, ton courage, ta vigueur et ta persévérance. »

Nommez les qualités qui vous intéressent le plus. Puis, expliquez-lui pourquoi vous en avez besoin. Normalement, les éléments ne refusent pas des demandes, surtout lorsqu'elles sont justes. Vous sentirez ensuite l'énergie qui partira de l'élément lui-même pour venir ensuite monter dans le pendule et toucher à votre main. Si vous ne le ressentez pas tout de suite, vous le ressentirez plus tard ou le lendemain.

Remerciez l'élément pour la force qu'il vient de vous transmettre, puis remerciez le pendule aussi. Vous pouvez utiliser cette méthode seule, ou encore faire des combinaisons. Par exemple, pour envoyer de la force par photo à une personne qui en a besoin.

Jour 87 : Augmenter son intuition par l'eau

L'eau est l'élément ésotérique par excellence. Ce dernier fait référence à tout ce qui est émotion et intuition. Il est parfait pour toute séance de divination. L'eau ne lutte pas, mais sait plutôt contourner son ennemi. Elle a une stratégie douce, mais vient à bout du roc le plus dur. Elle nous parle donc de souplesse, mais aussi de patience.

Cet élément cache des choses dans ses profondeurs, il est le plus mystérieux et fait aussi référence à nos forces et à nos trésors cachés. L'eau est cette force mystique qui dort en chacun, et qui telle une eau dormante, attend d'être réveillée. À travers le pendule, le pouvoir de l'eau peut venir réveiller des émotions enfouies en nous. Il peut au contraire venir aussi nous aider à contrôler des émotions qui sont trop fortes. L'eau comprend aussi bien la force (tsunami) que la douceur (petite cascade).

Pour vous infuser de son pouvoir, il suffit de faire comme pour le feu. Placez votre pendule au-dessus d'un bol d'eau, ou au-dessus d'une source naturelle d'eau, puis demandez au pendule de vous aider à vous connecter sur cet élément. Laissez le pouvoir de l'eau vous envahir et réveiller en vous vos intuitions et vos pouvoirs mystiques. Sentez le flot qui coule doucement en vous et qui n'abîme rien, mais qui vous nourrit complètement, y compris votre âme.

Si vous faites des séances de divination, cet élément sera excellent. Vous pouvez vous infuser de l'énergie de l'eau avant de commencer toute séance de voyance, peu importe l'instrument utilisé. Il faut se rappeler qu'à l'époque, les miroirs n'existaient pas et ceux qui furent fabriqués ensuite étaient quelque peu déformants. La meilleure surface réfléchissante était l'eau. Elle est depuis très longtemps celle qui peut nous faire voir le monde, celle qui nous renvoie le reflet des choses, qui nous montre les choses d'une autre façon.

Les émotions sont aussi directement liées aux intuitions et l'eau les gère. Les émotions sont comme les objets ou les habitants qui vivent dans la mer. On ne les perçoit que très peu du rivage. Se lier à l'eau, c'est prendre contact avec toutes les petites choses cachées. Et par la même occasion, toutes ces petites choses qui savent très bien voir la vérité, celle que nous n'osons pas assez regarder en face.

Cet élément vous aidera dans tous les aspects de votre vie, non pas seulement ceux qui sont ésotériques, alors n'hésitez pas à tenter l'expérience.

Jour 88 : Augmenter son pouvoir de guérison avec la terre

La terre est un élément réconfortant et stable. On dit souvent « la terre mère » et c'est aussi sous cette image qu'il faut la percevoir. Elle est très maternelle et protectrice. C'est l'élément qui dresse des barrières entre nous et nos ennemis, telles les montagnes qui séparaient les peuples en guerre. C'est l'élément qui permet de nourrir les populations et qui permet de purifier notre air. Il est d'ailleurs en parfaite harmonie avec les trois autres éléments.

Il redonne des flammes au feu, en lui offrant quelque chose à consumer. Il fusionne avec l'eau, en la laissant entrer en lui. Il laisse aussi passer l'air, qu'il rejoint à son tour sur des sommets immenses. En ésotérisme, la terre est aussi un grand symbole de guérison. Elle représente le cycle de la vie, d'un être qui meurt pour ensuite renaître autrement. La terre est aussi la représentation de la nature. Celle-là même qui nous permet de fabriquer tous nos baumes et remèdes.

Pour entrer en contact avec l'élément terre, vous aurez besoin de la terre la plus pure qui soit. Celle que vous trouverez dehors sera parfaite. Si vous en avez à la maison, moins elle sera « nettoyée » et traitée en usine, mieux ce sera. Au mieux, mettez dans un petit pot un peu de terre que vous trouverez en forêt ou encore sur le bord de l'eau, si vous n'avez pas accès à un terrain.

Pendule au-dessus de l'élément et avec sa permission, vous pourrez vous imprégner des énergies de guérison de la terre. Ainsi, si vous souhaitez vous soigner vous-même, vous pouvez vous lier aux pouvoirs de la terre tous les jours. Demandez-lui de vous guérir et précisez votre maladie. Demandez-lui directement son aide. L'énergie peut passer à travers vous, mais elle n'agira pas nécessairement sur vous. Vous pouvez choisir de l'utiliser pour un rituel, sur quelqu'un ou pour vous. Précisez-le.

Vous pouvez aussi vous imprégner du pouvoir de la terre afin d'augmenter votre pouvoir de magnétisme et réussir de meilleures guérisons. Il est possible d'agir sur photo ou en personne sur quelqu'un qui est malade. Vous pouvez combiner les décharges d'une pierre de guérison avec celles de l'élément terre. Cela ne pourra que vous offrir un pourcentage de réussite encore plus grand.

Sinon, la terre pourra aussi aider les gens trop rêveurs à trouver plus de stabilité et à vivre une vie plus remplie et active. La terre sait que le bonheur se trouve dans le moment présent.

Jour 89 : Augmenter sa mémoire avec l'air

Le dernier élément est l'air. Dans d'autres croyances et pays, on trouve d'autres éléments, dont le métal, le bois et la glace. Les quatre éléments traités dans ce livre sont les plus connus en Occident et ils sont ceux avec lesquels nous avons le plus d'affinités.

L'élément de l'air représente l'imagination et aussi tout ce qui touche au côté intellectuel. Il est toutefois aussi rêveur qu'il peut être rationnel. Tout dépend de quel côté il tourne.

D'ailleurs, le vent est en perpétuel mouvement, il est vif, puis il se calme. Il renaît et meurt constamment. Il représente donc aussi la création et une grande capacité d'adaptation, tout comme l'eau.

L'air fait référence à l'inspiration, à la nouveauté, il est donc une source parfaite pour quelqu'un qui a besoin de trouver de nouvelles idées. Pour se connecter à l'air grâce au pendule, il est préférable d'être à l'extérieur et d'avoir du vent, aussi minime soit-il. Si le vent est calme, il possède moins d'énergie ; préférez-le vif et rapide. Si vous ne pouvez aller à l'extérieur, placez-vous devant une fenêtre ouverte qui permet au vent d'entrer dans la maison.

Avec la permission du pendule, demandez d'être imprégné des pouvoirs de l'air. Vous sentirez une nouvelle émotion naître en vous. Cependant, elle peut repartir aussi vite qu'elle est arrivée. L'eau et le feu peuvent sembler instables, mais c'est véritablement l'air qui est le plus déstabilisant.

Il représente toutefois très bien la connaissance au sens large. Si on analyse bien la chose, l'air est partout. Qu'il y ait du vent ou non. Il est tout autour de nous. Il est dans l'eau, dans la terre, il stimule aussi le feu. L'air se faufile partout et à travers tout, il connaît donc tout de notre planète. Il pourra vous inspirer énormément et aussi ouvrir votre esprit vers de nouvelles possibilités.

Vous êtes peut-être déjà très ouvert, mais l'air sait montrer à quel point vous avez fait du chemin et surtout combien il en reste encore à faire. C'est un élément qui apprend à tous l'humilité. Pour moi, il convient ainsi à toute personne qui veut cheminer en ésotérisme.

Toutefois, si vous êtes déjà instable, prenez soin de bien vous imprégner des pouvoirs de la terre avant : il faut éviter de se laisser ébranler par les bourraques du vent.

Jour 90 : Analyse de vous et des éléments

Je vous invite à tenter d'analyser et de voir quel élément vous convient le mieux. Placez-les en ordre décroissant, de celui qui vous ressemble le plus à celui qui vous ressemble le moins. Tentez, pour un premier essai, de vous charger du pouvoir de l'élément qui vous ressemble le plus.

Cependant, si vous tentez l'exercice et ne ressentez rien de spécial, essayez plutôt l'inverse. Faites l'exercice avec l'élément qui vous est le plus contraire. Vous devriez alors sentir cette énergie beaucoup plus facilement, puisqu'elle ne peut pas se lier aisément à la vôtre. Il sera plus facile de la « toucher » et de la ressentir.

Prononcez des paroles d'accueil pour que l'élément puisse monter vers vous. Ces énergies sont positives et elles ne s'imposeront donc pas. Vous devez leur demander leur aide et vous devez les accueillir.

Vous pouvez préciser l'intensité de l'énergie que vous désirez recevoir. Si vous ne ressentez que très peu vos émotions, vous pouvez dire à l'eau que vous acceptez son pouvoir, mais en petite quantité et doucement, pour que le changement ne soit pas trop brusque et qu'il ne vous déstabilise pas. Ces énergies sont positives, elles ne feront que ce qui est bien pour vous.

Récapitulons

Faisons le tour de ce que nous avons appris.

La méthode de la recherche peut servir à trouver autant un objet qu'une personne. Selon votre expérience avec le pendule et votre facilité à l'utiliser, vous pouvez utiliser la méthode des questions, de la carte ou la visualisation. Peu importe votre cheminement, vous pourrez trouver ce que vous cherchez.

Les introspections ne seront pas conseillées à tous, mais elles sont très utiles et bénéfiques. Afin d'avoir des séances profitables, nous avons d'abord vu comment nous ancrer et comment nous préparer avant de commencer une séance. Puis, nous avons abordé les buts possibles, des plus simples aux plus complexes et profonds. En y allant doucement et en respectant vos limites, vous pourrez défaire des blocages et retrouver vos passions.

Le pendule sert à trouver des maux et à nous conseiller des traitements ou des remèdes pour nous aider à conserver une bonne santé. Il doit être utilisé sagement, c'est-à-dire sans venir modifier les soins que vous recevez déjà. Il vous permettra d'améliorer votre santé plutôt que de vous faire des suggestions pour guérir des maladies graves.

Le pendule vient également nous aider à conserver notre santé mentale et énergétique, à travers le travail sur les chakras. Il nous aide à trouver les points faibles et à atténuer les points trop forts qui perturbent notre équilibre. Les soins sont aussi très simples, que l'on utilise des pierres ou des visualisations. Ces techniques de guérison conviennent à tous.

Qui aurait pensé que le pendule puisse aussi devenir un médium ? Nous avons vu qu'il est un excellent intermédiaire entre notre monde et l'au-delà. Non sans quelques précautions, nous pouvons discuter en paix avec ceux qui nous sont chers et même avec notre guide.

Ceux qui travaillent en lithothérapie trouveront ici un allié de taille, car le pendule sait vibrer avec les énergies des cristaux, autant pour transmettre leurs messages que pour transmettre leurs énergies. Il devient à nouveau un médium, mais cette fois entre nos énergies et celles de minéraux anciens.

Ceux qui pratiquent la magie se sont découverts un nouvel instrument très utile et les autres ont découvert des méthodes pour agir à distance sur leurs êtres chers. Soutenir une personne à distance ou l'aider à guérir n'est plus si « sorcier », finalement.

Bien sûr, nous n'aurions pu passer à côté des notions énergétiques qui nous parlent des failles et des temples d'énergie. Ce sont des informations qui s'ajoutent à ce que nous savons sur le fonctionnement du pendule. Aussi, elles peuvent vous aider à comprendre pourquoi des querelles ont lieu très souvent dans une pièce en particulier ou pourquoi tout le monde est subitement serein dans une autre.

Le pendule nous surprend toujours et encore avec sa capacité de nous transmettre des messages d'êtres avec qui on ne peut normalement communiquer. Parler aux plantes ou aux animaux peut sembler relativement plus anodin que de discuter avec une personne qui s'est éloignée ou avec nos ancêtres. Cette fois, le pendule pousse l'étendue des communications encore plus loin.

Finalement, une dernière surprise, le pendule peut aussi servir d'intermédiaire entre l'énergie la plus pure qui soit, celle qui nous vient des quatre éléments, et notre propre énergie. Que ce soit sous la forme d'une émotion, d'un état d'âme ou d'une énergie propre, il nous donne accès à une source qui n'est pas facilement perceptible.

Quatrième partie

Évaluation

Introduction

Au début, le pendule peut vous donner du fil à retordre. Ne vous impatientez pas et n'abandonnez pas. Trop de raisons expliquant un mauvais fonctionnement existent pour croire que vous êtes incapable de l'utiliser correctement.

Nous ferons un tour d'horizon de toutes les raisons possibles. Si vous avez eu de la difficulté, vous trouverez probablement la raison de vos échecs. Si vous êtes expérimenté et que vous éprouvez soudain des difficultés, vous en trouverez aussi la raison. La source du problème peut provenir de plusieurs endroits à la fois, il est donc bon de jeter un coup d'œil dans toutes les directions.

Semaine 19 : Régler les problèmes techniques

Jour 91 : Le pendule ne semble plus fonctionner

Le pendule ne semble pas fonctionner.

Le problème le plus courant est le manque de concentration. Canalisez vos pensées sur votre demande. Votre esprit bien concentré sur la question posée. Si vous laissez votre esprit divaguer ou si vous êtes dans un état émotionnel instable, vous ne recevrez pas de bonne réponse.

Il peut arriver que le pendule ne réponde plus, comme ça, du jour au lendemain. Cela arrive lorsque nous avons obtenu plusieurs résultats positifs et que nous le considérons désormais comme un objet infaillible. Oui, le pendule répond bien, il donne de bonnes indications. Mais il réagit aussi à l'univers et l'univers change. Si vous êtes trop exigent et attendez toujours une réponse sans faille, il pourrait arrêter de répondre.

Vos motivations entrent aussi en ligne de compte. Pourquoi utilisez-vous le pendule ? Pour connaître les secrets de vos amis ? L'utilisez-vous pour de bonnes causes ? Si ce n'est pas le cas, les énergies qui entourent le pendule pourraient être modifiées. Chaque mauvaise intention ou chaque intrusion dans la vie privée est un manque de respect, donc un vide, qui est souvent comblé par les énergies négatives, qui elles ne cherchent qu'à entrer dans notre vie de toutes les façons possibles.

Celui qui veut épater la galerie avec les pouvoirs du pendule pourrait se retrouver rapidement seul. Tenter de prendre la maîtrise des choses ou de tout savoir vous empêche de vibrer en harmonie avec le reste de l'univers et vous coupe doucement de ses vibrations. Il est donc normal que le pendule cesse de réagir.

Le fait d'être en colère, d'être triste, déçu, anxieux ou simplement aux prises avec une émotion négative perturbe les perceptions du pendule. Tentez d'évacuer toutes vos tensions avant de travailler avec lui. Souvenez-vous que toute émotion ou énergie négative crée un véritable blocage.

Si le pendule ne vous répond pas ou que vous ne trouvez pas ce que vous cherchez, il est possible que ce ne soit simplement pas le temps de poser cette question ou de trouver la réponse. Parfois nous devons comprendre certaines choses avant de connaître la suite des événements et, dans ce cas, le pendule ne vous répondra pas. Cela peut être frustrant de se faire refuser une réponse, mais lorsque les événements ont finalement lieu, nous comprenons souvent très bien pourquoi des informations ne nous ont pas été dévoilées.

Tentez donc de toujours avoir un état mental positif, d'être neutre et objectif. Assurez-vous de formuler des questions précises. Vous augmenterez vos chances de réussite.

Jour 92 : Le pendule ne répond pas bien

Il est possible que le pendule réagisse en accord avec vos espérances, et qu'il réponde ce que vous souhaitez entendre. Cela peut être parce que vous pratiquez généralement des introspections avec le pendule. Il vaut mieux utiliser un second pendule pour vos questions et créer une ambiance différente lorsque vous les posez, afin de séparer les réponses données par le pendule et celles qui viennent de votre moi.

Si vous pratiquez plusieurs méthodes différentes avec le même pendule, les énergies captées peuvent être confuses. Par exemple, si vous faites souvent des recherches, le pendule aura l'habitude de pointer des lieux ou des objets. Si vous questionnez ce même pendule à propos de la santé d'une personne, il pourrait donc pointer dans la direction de cette personne au lieu de réponse à votre question.

Tentez donc d'avoir un pendule pour chaque méthode. Surtout si vous pratiquez les introspections et le spiritisme. Ainsi, vous pourriez fabriquer un pendule servant aux questions personnelles et en acheter un qui servira aux recherches ou aux contacts avec l'au-delà. Le premier sera déjà imprégné de vos énergies et répondra donc plus naturellement de cette façon. Tandis que le second, créé par une autre personne, aura tendance à capter les énergies extérieures.

Si vous ne pratiquez pas les introspections avec le pendule, alors votre volonté est peut-être trop forte et l'influence. On voit ce phénomène lorsque des personnes posent des questions sur les relations amoureuses ou sur des projets qui leur tiennent à cœur depuis très longtemps. L'énergie contenue dans la question est remplie d'espoir et demande une réponse particulière. Cela nuit énormément au pendule, puisque vous devez rester le plus neutre possible.

Pour éviter cela, sans faire de la méditation, recueillez-vous sur le pendule. Créez une ambiance propice et prenez le pendule. Concentrez-vous sur lui, sur le lien que vous avez créé et sur toutes les réponses qu'il vous a données jusqu'ici.

Placez alors le pendule loin de vous, par exemple sur une table devant vous. Puis, visualisez-le comme étant une personne à part entière, complètement extérieure à vous. Continuez la visualisation jusqu'à ce que vous sentiez une véritable séparation, que vous le voyiez de plus en plus loin. Ensuite, ouvrez les yeux doucement, prenez le pendule et rangez-le dans sa boîte ou pochette pendant au moins 3 jours. Le temps de confirmer et de raffermir cette distance.

Lorsque vous l'utiliserez plus tard, il existera un écart entre votre esprit et lui, donc les réponses seront les bonnes et non celles que vous espériez.

Jour 93 : Le pendule et les problèmes techniques

Malgré tout, votre pendule ne fonctionne pas ? Il est possible que vous ayez des problèmes un peu plus techniques.

Vos bagues, vos bracelets ou même votre collier influent peut-être sur les énergies ambiantes. Soit par leur composition (pierres précieuses, métal avec magnétisme), soit en agissant comme barrières à l'énergie qui circule en vous, et donc à vos ondes qui interagissent avec le pendule.

Les montres à quartz seront souvent les plus perturbatrices, retirez-les en premier. Sinon, faites tout simplement un test. Posez des questions de base à votre pendule avec vos bijoux, puis retirez-les, et comparez les résultats. Pour certains, il n'y aura pas de différence, tandis que pour d'autres le changement sera étonnant.

Peut-être croyez-vous qu'il faut absolument posséder des dons pour utiliser le pendule ? Cette simple pensée est un énorme blocage. Tant que vous croirez cela, vous ne réussirez pas.

Le pendule ne demande aucun don, il peut même, au contraire, en ouvrir et en développer à mesure que vous vous entraînez. Défaites-vous de cette pensée.

Si vos difficultés se présentent surtout au niveau de la recherche, le plus souvent sur une carte, orientez la carte vers le nord. Ce n'est pas nécessaire, mais le pendule en a peut-être besoin pour être bien aligné. Un petit ajustement qui peut tout changer.

Les appareils électroniques peuvent influer sur votre pratique aussi. Un téléviseur, même éteint, produit des ondes électromagnétiques. Si vous possédez plusieurs appareils de la sorte, il se peut que vos résultats soient faussés. Il vous faudra alors non pas les éteindre, mais les débrancher. Vos difficultés proviennent peut-être d'un champ magnétique. Par exemple, des poteaux électriques énormes feront stagner les ondes et ne vous permettront pas de les interroger, puisqu'elles ne circuleront pas.

Les ions positifs sont chargés et les ions négatifs sont vides. Si vous avez trop d'ions chargés, les énergies sont écrasées et ne peuvent pas circuler librement pour faire réagir votre pendule. Certains purificateurs d'air offrent un nettoyage par dégagement d'ions négatifs. Bien que tout cela soit complexe et non prouvé pour certaines notions, il ne faut pas non plus mettre ces aspects de côté.

Jour 94 : Revivifier le pendule et votre esprit

Si votre pendule répond tout simplement moins bien qu'avant, il est possible de le remettre d'aplomb. Vous l'avez probablement utilisé à de nombreuses reprises, pour des sujets différents et dans des endroits différents. Il s'est chargé de multiples énergies et ne sait plus comment répondre correctement. Il faudra commencer par le purifier comme nous l'avons vu au Jour 13. Maintenant que vous savez utiliser votre pendule, vous pouvez poursuivre avec une programmation.

Après l'avoir purifié complètement, faites un rituel très simple et court. Par exemple, passez-le dans la fumée d'un bâton d'encens, faites une méditation ou une prière, ou encore une visualisation. Énoncez son prochain but : « Je consacre ce pendule à la recherche. Il m'aide à retrouver les objets perdus. En deuxième lieu, je consacre ce pendule à la guérison des maladies, qu'elles soient physiques ou énergétiques. » Voilà un exemple simple. Faites la programmation dans vos mots et énoncez précisément les buts de votre pendule.

Il est possible que votre pendule réponde moins bien si vos questions ne sont pas bien formulées ou si elles ne viennent pas de vous. Laissez-vous inspirer les questions. Vous pouvez connaître une personne de A à Z grâce à cet instrument, mais ce n'est pas en utilisant une liste de questions préétablies que vous y arriverez. Selon la question que vous posez et la réponse reçue, la route pour continuer ne sera pas la même. Faites comme pendant une conversation avec un ami, laissez les sujets couler sans intervenir.

Il existe aussi des petits trucs tout simples. Par exemple, ne pas trop manger avant une séance. Votre esprit n'est pas complètement présent, puisque la digestion utilise une partie de vos ressources. Certains s'endorment même un peu après avoir mangé. Vous pouvez aussi méditer. Cela permet de vous mettre dans le bon état d'esprit, de retrouver votre neutralité et de vider votre esprit des pensées parasites.

La méditation équilibre aussi énergies et ondes. Si vous êtes expérimenté, vous aurez noté aussi que la méditation permet de s'ouvrir au monde qui nous entoure. Elle permet soit de se refermer sur soi pour mieux se comprendre et ne faire qu'un avec toutes les facettes de sa personnalité (excellent pour les introspections), soit de s'ouvrir davantage aux gens et de devenir « Un avec l'univers ».

Jour 95 : Votre pendule fonctionne-t-il toujours aussi bien ? Sinon, purifiez-le !

Si votre pendule vous donne de bons résultats, gardez tout de même en tête les points vus cette semaine pour éviter les erreurs qui pourraient nuire à votre instrument.

Si votre pendule fonctionne mal, penchez-vous sur les raisons possibles de ce dysfonctionnement. On peut croire qu'il s'agit de nous, que nous n'avons pas ce qu'il faut, mais beaucoup trop d'éléments sont en cause. Avant de penser au négatif, faites le tour des causes possibles.

Et comme nous l'avons vu, si nous prenons le temps de bien analyser les résultats et de bien nous entraîner, il est simple d'obtenir d'excellents résultats avec le pendule. Souvenez-vous : ce n'est pas la théorie qui importe le plus, mais plutôt la technique et la pratique. Lorsque votre pendule va mal, gardez confiance, car il y a toujours moyen d'arranger les choses, de corriger les problèmes ou de vous améliorer.

Cinquième partie

Conclusion

Semaine 20 : Bilan

Jour 96 : Attention à la dépendance

Comme nous l'avons vu, le pendule peut vous aider à plusieurs niveaux. Il est un excellent conseiller pour tous les domaines de votre vie. Il vous guide dans la bonne direction, aide à guérir et permet d'avoir une vie ésotérique. Il faut pourtant prendre garde. Ce type d'outil est parfois très enchanteur et puisque vous avez désormais accès à des réponses « infaillibles », vous aurez peut-être tendance à y rester accroché.

C'est le même phénomène pour ceux qui lisent ou se font lire les cartes. L'insécurité devant l'avenir les porte à interroger ces dernières pour des riens, au lieu d'apprendre à faire des choix avisés. Il est normal d'interroger les cartes ou le pendule si vous êtes à la croisée des chemins et devez prendre une décision qui pourrait modifier totalement le cours de votre vie. Pour tout moment ou événement gros de conséquences, vous pouvez faire appel au pendule.

Le pendule ne doit pas tout décider à votre place, ni gérer votre vie. C'est un « ami » qui vous donne son opinion. Vous n'en avez pas besoin tout le temps. (Je parle bien sûr de son utilisation courante, et non des nombreuses questions et nombreux essais qui servent d'entraînement.)

Si vous avez d'excellents résultats avec le pendule, ce qui n'est pas le cas pour tout le monde, vous pourriez croire que laisser le pendule de côté alors que vous pouvez faire tant de choses est presque sacrilège. En effet, il ne faut pas le laisser là à ne rien faire s'il peut servir à faire le bien autour de vous. Vous pourriez alors vous en servir pour aider les autres. Pour les guérir, pour les guider, pour les soutenir. En partageant et en variant les utilisations, on justifie très bien le recours à cet instrument.

Il importe toutefois de ne pas l'utiliser comme une béquille. Vous devez conserver votre libre arbitre et le pendule doit rester un instrument. Il ne doit pas se servir de vous. Si vous le questionnez souvent parce que vous êtes généralement indécis, interrogez-le plutôt sur la façon de guérir cette indécision.

Consultez-le uniquement lorsque le besoin se fait sentir. Conservez un équilibre entre vos efforts et le soutien obtenu du pendule. La vie est une grande aventure, n'oublions pas nous avons besoin de mystère et de découvertes pour évoluer.

Je vous fais confiance. Je sais que vous utiliserez le pendule à bon escient et sagement.

Jour 97 : Un conseiller sur tout

Le pendule est un instrument polyvalent, il permet de faire mille et une choses et d'activer notre imagination pour aller plus loin encore. Bien sûr, il peut répondre à toutes nos questions, dans tous les domaines.

Il peut vous permettre de vous retrouver autant qu'il peut vous aider à retrouver des objets et des gens. Il sert de médium entre l'au-delà et nous, mais aussi entre toutes ces choses et créatures avec qui vous ne pouvez communiquer directement. Le pendule est là pour vous soigner et même pour devenir l'instrument de votre magie.

Nous avons vu de nombreuses utilisations du pendule, mais croyez-vous que nous sommes vraiment arrivés au maximum de ses possibilités ? Bien sûr que non ! Laissez aller votre imagination. Ce n'est qu'ainsi que vous pourrez l'utiliser à son plein potentiel.

Si vous oubliez vos rêves, le pendule peut vous aider. Il peut vous refaire plonger dans le rêve par vos questions. Nous avons toujours de vagues souvenirs et ils nous permettent de questionner le pendule. Si vous désirez plutôt comprendre la signification de vos rêves, posez-lui la question. Il vous aidera à savoir si un symbole était négatif ou et s'il représentait une personne ou un événement. Votre rêve était-il vraiment symbolique ? Était-il prémonitoire ? Le pendule vous le dira.

Plusieurs se demandent s'ils ont vécu sur terre avant cette vie. Utilisez la méthode de l'introspection, mais cette fois, allez creuser encore plus loin. Demandez au pendule si vous avez déjà vécu avant. S'il répond positivement, commencez par le début. Demandez-lui si vous étiez un homme ou une femme, puis demandez des détails. Vous pouvez ensuite le questionner sur votre environnement proche, puis sur la ville ou le pays où vous viviez. Il est possible que vous ayez vécu plusieurs vies, alors ne soyez pas surpris si, la fois suivante, les informations sont différentes. Dites-lui que vous voulez continuer la séance précédente ou faire une nouvelle recherche.

Qui n'a pas pensé à choisir ses numéros de loterie avec le pendule ? Personne jusqu'ici ne semble avoir gagné grâce à cette méthode. Est-ce parce que la plupart considèrent cette façon de faire comme « de la triche », quelque chose de déloyal ou de trop farfelu ? L'état d'esprit dans lequel vous êtes lors de la demande peut fortement influencer vos réponses, nous l'avons vu. Si vous voulez tenter l'expérience, restez le plus neutre possible et ne pensez pas au montant ni à ce que vous ferez avec et il vous guidera probablement vers les bons chiffres.

Jour 98 : Le pendule et la magie mentale

Avant tout, le pendule est un instrument. Qu'il soit utilisé en divination ou en magie, il permet à votre esprit de faire des choses normalement impossibles. Plus vous utiliserez le pendule, plus cet outil vous permettra d'ouvrir des portes normalement closes. Que ces portes soient celles des énergies, des ondes, de l'au-delà, vous les avez ouvertes une fois et votre esprit a compris le processus.

Si vous désirez cheminer avec le pendule et vous entraîner pendant des années, vous noterez sans doute que votre esprit est capable de saisir et de comprendre des choses même sans l'aide du pendule.

D'autres objets comme la boule de cristal ou les cartes du tarot sont des intermédiaires entre l'avenir et votre don de voyance. Il arrive un moment, pour ceux qui persévèrent et s'entraînent, où la voyance se développe et où les instruments deviennent inutiles.

Ainsi, avec le temps, vous n'aurez qu'à faire une séance de méditation intense, qu'à vous laisser porter par un pendule mental, pour trouver une personne disparue. Les portes de votre esprit ouvertes, vous verrez tous les détails qui entourent la personne recherchée.

Vous pourrez doucement percevoir les auras des gens ou sentir les trous et les nœuds dans leurs auras. Lorsque vous voudrez les soigner, vous pourrez percevoir les maladies, grâce à ce qu'on appelle parfois le sixième sens, et vous pourrez ensuite consulter le pendule pour trouver les remèdes. Le pendule est un excellent entraîneur psychique.

Il n'est pas nécessaire de se rendre à ce niveau. Peut-être que certains ne seront pas à l'aise d'ouvrir leur esprit et c'est tout à fait normal. Notre monde actuel accepte plutôt difficilement ces personnes et elles se retrouvent souvent seules. Elles ont aussi très peu de gens à qui se confier, puisque rares sont les personnes qui entraînent autant leur esprit que leur corps.

Toutefois, si vous le faites, vous aurez accès à un tout nouvel univers, une toute nouvelle vision des choses. Vous pourrez comprendre des choses qui restaient des énigmes, percevoir des choses invisibles à l'œil nu et faire des « miracles » pour notre société. Peu importe ce que vous choisirez, le pendule pourra indubitablement vous apporter quelque chose de plus dans votre vie.

Jour 99 : Bonne route

Si vous débutez, vous êtes probablement étonné de voir toutes les possibilités du pendule. Parmi ce large éventail, il est clair que chacun y trouve son intérêt.

Toutefois, avant d'imaginer obtenir des résultats, n'oubliez pas que le pendule demande beaucoup d'entraînement et de patience.

Pour certaines techniques, vous aurez besoin de quelques semaines, tandis que pour d'autres, cela se comptera en années. Nous sommes tous différents et nos capacités avec le pendule diffèrent également. Tenez compte de tout cela avant de vous lancer.

Vous pouvez arriver à faire de grandes choses avec le pendule, tout le monde le peut. Allez-y doucement et tranquillement, un pas à la fois et un jour à la fois. N'hésitez pas à noter tous vos résultats dans votre journal de bord, ce qui vous permettra de vous ajuster et ainsi d'améliorer vos techniques.

Si vous connaissiez déjà le pendule ou êtes expérimenté, je suis certaine que vous avez découvert de nouvelles techniques.

Que vous le connaissiez bien ou que vous l'utilisiez pour la première fois, n'oubliez pas de prendre toutes les précautions liées à chaque technique. Minimisez les risques en étant conscient qu'ils existent et faites en sorte qu'ils ne nuisent pas à votre pratique.

Certains se demanderont si la pratique du pendule se combine bien avec d'autres techniques ésotériques. La majorité des croyances ou techniques se combinent toutes très bien. Parfois, même, elles se complètent. Si vous ne savez pas quelle rune utiliser pour votre magie, si vous hésitez entre deux, le pendule vous aidera à confirmer votre choix.

Votre vie ésotérique et votre vie quotidienne se combinent très bien avec les pouvoirs du pendule. Reste à trouver le domaine de votre vie où vous désirez lui faire une place ou celui où vous avez besoin de son aide.

Jour 100 : Relecture de votre journal de bord

Pour le tout dernier exercice, je vous invite à faire une relecture complète de votre journal de bord. Cela vous aidera à mieux comprendre votre vision du pendule au départ et votre cheminement depuis.

Vos horizons se sont sans doute élargis et vos idées de départ sont dépassées. Vous êtes plus apte à voir des possibilités. Continuez de prendre des notes sur tout ce que vous faites avec le pendule.

Prenez surtout des notes séparément selon vos utilisations. Un journal pour les questions et un autre pour la guérison. Un journal pour les contacts avec les entités et un autre pour la magie. Vous verrez très clairement dans quel domaine vous excellez et vous pourrez plus facilement avancer sur les voies qui vous sont les plus accessibles naturellement.

Vous aviez aussi noté vos buts et vos envies. Relisez ces textes, repensez-les, réécrivez-les. Peut-être que certains buts resteront les mêmes, mais vous pourrez leur ajouter un petit quelque chose.

Je vous souhaite donc une relecture des plus enrichissantes et beaucoup de réussite dans votre pratique !

Jour 101 : Partagez

Tout au long de ce livre, je vous ai suggéré des exercices et je vous ai relaté quelques expériences personnelles. Toutefois, vous ne pouvez vivre la même chose que moi, ou même que mes amis, car nous sommes tous différents. Oui, nous pouvons tous aller du point A (novice) au point B (expert en recherche avec le pendule), mais les chemins entre les deux sont multiples ! Si on peut dire, aucun B ne sera parfaitement identique à celui d'un autre non plus, car chacun verra un angle différent du sujet et développera sa vision personnelle du don en question.

Je vous invite donc, pour conclure votre lecture en beauté, à partager vos acquis avec une personne en qui vous avez confiance, ou encore à vous entraîner avec elle. Vous pourrez ainsi voir les différences entre ce que vous avez respectivement ressenti. Que cette personne connaisse déjà le pendule ou non, cela n'importe pas. Le partage est l'élément majeur.

Apportez votre pendule lorsque vous allez à la campagne ou partez en voyage. L'énergie environnante peut être très différente et vous donner de nouveaux résultats. Si la personne qui vous accueille est ouverte à ces notions, alors tant mieux, vous pourrez faire des tests avec une nouvelle personne dans un environnement nouveau.

Je vous souhaite de faire de merveilleuses découvertes à deux, ou encore à plusieurs !

Si vous désirez explorer de nouvelles routes ésotériques, ou encore vous procurer quelques bonnes adresses et références bibliographiques, je vous invite à venir visiter mon site Internet, où je posterai les dernières mises à jour et publications :

www.catherinesolaris.com

Au plaisir de se retrouver.

Chakra : Mot provenant du sanscrit et signifiant roue ou vortex. Les chakras sont des centres d'énergie placés sur le corps. En général, les connaisseurs parlent de sept chakras principaux, mais en réalité il en existe des centaines. Ces roues d'énergie réagissent à la façon dont l'énergie circule dans notre corps. Ainsi, si les chakras sont tous bien équilibrés, notre corps et notre mental le sont eux aussi.

Radiesthésie : Réceptivité particulière qui permet de ressentir et d'analyser les ondes qui nous entourent. Cela peut nous permettre de trouver des sources d'eau, de retrouver un objet perdu ou de diagnostiquer une maladie. Elle était pratiquée grâce à des baguettes de sourciers dès l'an 1556. Son dérivé moderne et accessible est le pendule.

Ouija : Jeu de société formé d'une planche comprenant des lettres et des chiffres qui permet de communiquer avec les esprits et autres entités. Considéré comme un outil dangereux, il attire généralement les esprits errants et mal intentionnés. On peut toutefois l'utiliser correctement lorsqu'on possède les connaissances requises.

Runes : Symboles anciens utilisés comme outils de divination. Ils permettent de prédire l'avenir, mais servent aussi de talismans et savent attirer les énergies positives demandées.

Spiritualité : Selon le dictionnaire du Centre national de ressources textuelles et lexicales : « Qualité de ce qui est esprit ou âme, concerne sa vie, ses manifestations ou qui est du domaine des valeurs morales. » Ou : « Vie de l'esprit ; qualité d'une personne attachée aux choses de l'esprit, de l'âme, aux valeurs morales et religieuses. » La spiritualité fait donc référence aux croyances diverses et à l'enrichissement de l'esprit et de l'âme.

Ésotérisme : Connaissances qui doivent être réservées à des initiés uniquement. Tandis que le mot exotérisme désigne les connaissances pouvant être enseignées au peuple. Toutefois, de nos jours et dans le domaine des sciences occultes, ce mot représente l'ensemble des techniques occultes, que l'on parle de divination, de pouvoirs psychiques, de magie ou de toutes autres notions rappelant de près ou de loin le paranormal et les phénomènes inexplicables. Notions qui sont de nos jours enseignées à qui veut bien les apprendre.

Aura : L'aura est une sorte d'énergie vitale qui entoure notre corps, de la tête aux pieds. Elle inclurait aussi nos corps subtils, par exemple les corps mental, émotionnel, éthérique, etc. Selon sa couleur et sa texture, l'aura nous parle de la santé de la personne ou de son humeur présente. Elle change donc en permanence.

Guide : On parle de guide lorsqu'on souhaite désigner une entité bénéfique qui est là pour nous aider. Il peut alors s'agir d'un ange, d'une personne décédée qui veille sur nous ou de toute autre entité bénéfique. Le terme guide désigne autant le rôle de cette entité que son identité propre si elle n'a pas encore été découverte.

Prana : Le souffle du prana nous vient de l'Inde. En fait, le mot prana provient du sanscrit et signifie énergie vitale. On traduit parfois le mot par « souffle vital », ce qui condense alors le mot souffle et prana dans une même définition.

Synchronicité : Ce mot revient de plus en plus souvent dans les écrits ésotériques modernes. Il nous parle des « coïncidences nécessaires », de tous ces moments qui semblent hors du commun. Deux personnes, d'un bout à l'autre du monde, font des choix et se retrouvent dans une même ville, à l'autre bout de la planète. Elles partagent des informations ou s'entraident sur un projet, puis repartent chacune de son côté. Ce sont des moments qui nous semblent souvent sortis tout droit d'un film, des coïncidences si parlantes qu'on ne peut les ignorer. Lorsqu'on tente de calculer mathématiquement les chances que cet événement ou cette rencontre puisse se produire, souvent les probabilités sont très faibles.

Élémentaux : Il s'agit des entités astrales qui vivent dans les éléments. Il peut s'agir des éléments les plus connus comme la terre, l'air, le feu et l'eau, ou encore des éléments connus dans d'autres cultures comme le métal, la glace, le bois, etc. Ces êtres sont constitués d'une énergie dite pure, en lien parfait avec la nature et la terre.

On les consulte ou on fait appel à eux lors de rituels, de prières, ou encore lorsqu'on utilise le pendule.

Spiritisme : Ce terme réunit toutes les techniques servant à établir un contact entre nous et l'au-delà. Cela peut se faire avec l'aide d'un médium (une personne capable d'entendre et de transmettre les messages d'entités), ou encore grâce à des méthodes diverses telles que les tables tournantes, l'écriture automatique, le jeu de Ouija, le don de clairaudience et le pendule, entre autres.

Atlantide et Mu : Deux continents perdus qui auraient été engloutis par les flots. Ils possèdent des ressemblances dans leur histoire, mais il semble tout de même qu'il s'agisse de deux endroits bien distincts. L'Atlantide serait quelque part au fond de l'océan Atlantique et son histoire est liée aux dieux grecs, tandis que Mu, moins connu que le premier, aurait disparu dans l'océan Pacifique et aurait des liens avec l'île de Pâques.

Dans la même collection

En librairie

101 jours pour découvrir vos dons

À paraître

101 jours pour développer votre don de voyance

101 jours pour apprendre la magie des runes

Imprimé sur du papier 100 % recyclé